Math in Focus®

Singapore Math®
by Marshall Cavendish
en español

Guía de evaluación

Grado 5

marshall cavendish education

Distribuidor en Estados Unidos
Houghton Mifflin Harcourt.
The Learning Company™

Published by Marshall Cavendish Education
Times Centre, 1 New Industrial Road, Singapore 536196
Customer Service Hotline: (65) 6213 9688
US Office Tel: (1-914) 332 8888 | Fax: (1-914) 332 8882
E-mail: cs@mceducation.com
Website: www.mceducation.com

Distributed by
Houghton Mifflin Harcourt
125 High Street
Boston, MA 02110
Tel: 617-351-5000
Website: www.hmhco.com/programs/math-in-focus

First published 2020

ISBN 978-0-358-31010-5

Printed in Singapore

3 4 5 6 7 8 9 1401 29 28 27 26 25 24
4500882169 B C D E F

Contenido

PÁGINA EN BLANCO

Prefacio

Las evaluaciones de **Math in Focus**® ***Guía de evaluación*** sirven de acompañamiento para **Math in Focus**® ***Libro del estudiante***. Los recursos de evaluación proporcionan a los educadores la información crítica que necesitan para evaluar los logros de los estudiantes, determinar la necesidad de intervención y dar forma a la instrucción futura.

Math in Focus® ***Guía de evaluación*** incluye:

- **Pruebas del capítulo** — para ayudar a los educadores a determinar si los estudiantes han adquirido destrezas y conceptos específicos
- **Repasos acumulativos** — para ayudar a los educadores a hacerse una idea acabada del progreso continuo de los estudiante

Las evaluaciones de **Math in Focus**® ***Guía de evaluación*** emplean una variedad de formatos de ejercicios, como preguntas de opción múltiple, preguntas de respuesta corta y respuestas elaboradas.

Hoy, harás una prueba para mostrar lo que has aprendido. La prueba tiene tres secciones: A, B y C. No puedes usar calculadora. Debes completar las tres secciones en el tiempo asignado.

Instrucciones

1. Lee cada pregunta y sigue las instrucciones.
2. Sombrea el círculo junto a la respuesta que elijas. Rellena el círculo completamente. No hagas marcas fuera del círculo.
3. Borra tu marca por completo si necesitas cambiar una respuesta.
4. Algunas preguntas te piden que muestres o expliques el proceso para obtener más puntos.
5. Omite las preguntas si no sabes las respuestas.
6. Revisa tu trabajo si terminas antes de tiempo.

Instrucciones para usar una cuadrícula de respuestas

1. Escribe tu respuesta en los recuadros de la parte superior de la cuadrícula.
2. Escribe solo un número o símbolo en cada recuadro.
3. No te saltes ningún recuadro al escribir tu respuesta.
4. Sombrea el círculo debajo de cada recuadro que coincida con el número o símbolo que pusiste en el recuadro.
5. Pueden quedar recuadros vacíos después de escribir tu respuesta. Deja sin marcas los círculos que hay debajo de esos recuadros.
6. Observa los siguientes ejemplos sobre cómo completar una cuadrícula de respuestas.

La cuadrícula de respuestas muestra como respuesta 108.

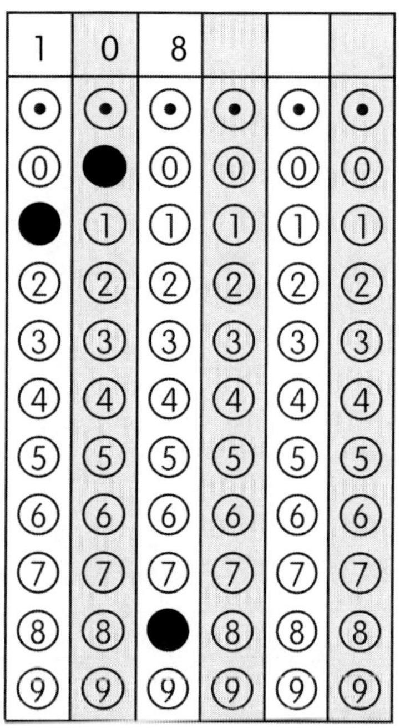

La cuadrícula de respuestas muestra como respuesta .25.

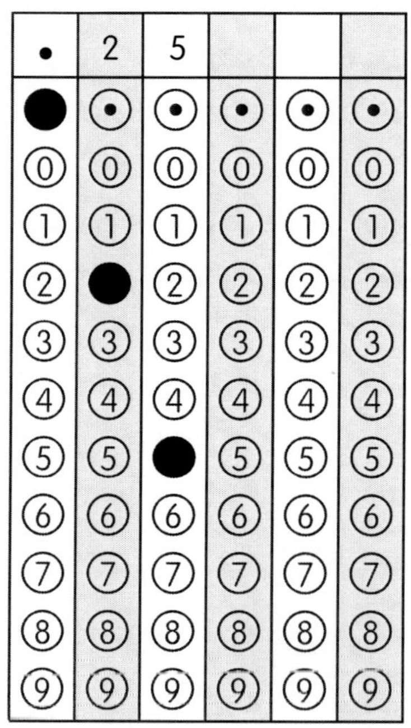

Nombre: ______________________________ Fecha: ____________

Prueba del capítulo 1

Guía de evaluación
Números enteros y las cuatro operaciones

Sección A Preguntas de opción múltiple

1. ¿Cuál es el número que falta?
3,000,000 + 20,000 + 300 + 50 = __________

   (A) 3,020,350
   (B) 3,023,050
   (C) 3,303,050
   (D) 3,230,050

2. ¿Cómo se escribe nueve millones cincuenta y nueve mil veintiuno en forma estándar?

   (A) 959,021
   (B) 9,059,021
   (C) 9,059,201
   (D) 9,590,021

3. ¿Cuál es el valor de 300×10^3?

   (A) 3,000
   (B) 30,000
   (C) 300,000
   (D) 3,000,000

4. Hay 2,700 sillas en un salón. Hay 90 sillas en cada hilera. ¿Cuántas hileras hay?

   (A) 27
   (B) 30
   (C) 270
   (D) 300

5. Cada mes, el dueño de un restaurante compra 1,045 cajas de arroz. Cada caja contiene 40 paquetes de arroz. ¿Cuántos paquetes de arroz compra el dueño del restaurante en 10 meses?

   (A) 4,180
   (B) 41,800
   (C) 418,000
   (D) 4,180,000

Sección B Preguntas de respuesta corta

6 Escribe 4,375,612 en forma con palabras.

7 $6{,}452 \times 35 =$

Indica tu respuesta en la cuadrícula de respuestas.

⊙	⊙	⊙	⊙	⊙	⊙
⓪	⓪	⓪	⓪	⓪	⓪
①	①	①	①	①	①
②	②	②	②	②	②
③	③	③	③	③	③
④	④	④	④	④	④
⑤	⑤	⑤	⑤	⑤	⑤
⑥	⑥	⑥	⑥	⑥	⑥
⑦	⑦	⑦	⑦	⑦	⑦
⑧	⑧	⑧	⑧	⑧	⑧
⑨	⑨	⑨	⑨	⑨	⑨

8 Divide 2,673 entre 37.

Muestra el proceso y escribe tu respuesta en el espacio de abajo.

9. ¿Cuál es el valor de $23 - 5 \times (7 - 3)$?

Muestra el proceso y escribe tu respuesta en el espacio de abajo.

10. Una carga de trigo pesa 125 libras. El trigo se envasa en bolsas de 20 libras. ¿Cuántas bolsas de trigo de 20 libras hay?

Muestra el proceso y escribe tu respuesta en el espacio de abajo.

Sección C Respuesta elaborada

11 ¿Cuál es el código secreto de 7 dígitos?
Usa las siguientes pistas para resolver el código secreto.

- Cada uno de los siete dígitos es diferente a los demás.
- El dígito que ocupa el lugar de las decenas de millar es 8.
- El dígito que ocupa el lugar de los millares es el doble del dígito que ocupa el lugar de las centenas de millar.
- El dígito que ocupa el lugar de las unidades es 4 unidades mayor que el dígito que ocupa el lugar de los millones.
- El dígito que ocupa el lugar de los millones es 8 unidades menor que el dígito que ocupa el lugar de las centenas.
- El dígito que ocupa el lugar de las decenas es 2 unidades mayor que el dígito que ocupa el lugar de los millones.

Escribe tu respuesta y el proceso o la explicación en el espacio de abajo.

12 El gerente de una compañía ordenó una camiseta de día de campo para cada uno de sus 1,056 empleados.
El costo de cada camiseta fue $15.
Alan halla el costo total de las camisetas como se muestra.

$$
\begin{array}{r}
1,056 \\
\times \quad 15 \\
\hline
502,530 \\
+ \quad 10,560 \\
\hline
513,090
\end{array}
$$

El costo total de las camisetas es $513,090.

- ¿Cuál es el error de Alan?
- Explica cómo llegaste a tu respuesta.

Escribe tu respuesta y el proceso o la explicación en el espacio de abajo.

Nombre: ______________________________ Fecha: ____________

Prueba del capítulo 2

Guía de evaluación
Fracciones y números mixtos

Sección A Preguntas de opción múltiple

1. ¿Cuál es el valor de $4\frac{1}{3} + 2\frac{5}{12}$?

   (A) $6\frac{7}{12}$

   (B) $6\frac{1}{2}$

   (C) $6\frac{3}{4}$

   (D) 8

2. ¿Cuál es la diferencia entre $4\frac{3}{5}$ y $1\frac{1}{2}$?

   (A) $2\frac{3}{4}$

   (B) $3\frac{1}{10}$

   (C) $3\frac{2}{3}$

   (D) $3\frac{3}{4}$

3. ¿Qué expresión es igual a $\frac{3}{5}$?

   (A) $3 + 5$

   (B) 3×5

   (C) $\frac{5}{3}$

   (D) $3 \div 5$

4 Maya hizo una tarta de manzana. Le dio $\frac{1}{6}$ de tarta a su amiga y $\frac{7}{10}$ de tarta a su hermana. ¿Qué fracción de su tarta de manzana le queda?

Ⓐ $\frac{1}{2}$

Ⓑ $\frac{3}{10}$

Ⓒ $\frac{2}{15}$

Ⓓ $\frac{13}{15}$

5 ¿Cuáles son los números que faltan?

$6\frac{\square}{2} - 1\frac{1}{\square} = \square\frac{1}{4}$

Ⓐ 1; 2; 5

Ⓑ 4; 2; 5

Ⓒ 1; 4; 5

Ⓓ 1; 8; 3

Sección B Preguntas de respuesta corta

6 Dylan caminó $\frac{3}{4}$ milla de su casa a la parada del autobús y viajó $8\frac{2}{5}$ millas en el autobús para llegar a la escuela. ¿A qué distancia está la escuela de la casa de Dylan?

Muestra el proceso y escribe tu respuesta en el espacio de abajo.

7 Samuel y Mason corrieron una carrera alrededor de un parque de 5 millas de longitud. Samuel terminó la carrera en $1\frac{2}{5}$ hora, mientras que Mason terminó $\frac{1}{6}$ hora después. ¿Cuánto tiempo tardó Mason en correr 5 millas?

Muestra el proceso y escribe tu respuesta en el espacio de abajo.

8. Reparte 5 tartas de fruta equitativamente entre 8 niños. ¿Qué fracción de una tarta de fruta recibirá cada niño?

Muestra el proceso y escribe tu respuesta en el espacio de abajo.

9 Estima la suma de $\frac{7}{12}$, $\frac{1}{3}$ y $\frac{1}{6}$.

Escribe tu respuesta y explicación en el espacio de abajo.

10 Grace le da a su amiga la siguiente expresión con algunas pistas.

$$\square - \square\frac{\square}{\square}$$

Pistas:

(A) Hay un número mixto en su mínima expresión.

(B) Los dígitos 3, 5, 6 y 9 se usan una sola vez.

(C) La diferencia entre los dos números debe ser la mayor diferencia posible.

Halla la mayor diferencia posible entre los dos números.

Sección C Respuesta elaborada

11 Vijay tenía $5\frac{1}{3}$ libras de harina. Compró otras $2\frac{3}{5}$ libras de harina.

Vijay planea hacer pastelitos para una fiesta. Necesita $7\frac{1}{5}$ libras de harina.

- ¿Tiene Vijay suficiente harina? ¿Cuánta harina le queda o cuánta más harina necesita comprar?
- Explica cómo llegaste a tu respuesta.

Escribe tu respuesta y el proceso o la explicación en el espacio de abajo.

12 La altura de un elefante indio adulto es $8\frac{1}{5}$ pies. La altura de un ternero es $4\frac{3}{4}$ pies menor que la altura del elefante adulto. Jason dice que la altura del ternero es $3\frac{9}{20}$ pies.

¿Es correcta la respuesta de Jason? Explica tu respuesta.

Escribe tu respuesta y el proceso o la explicación en el espacio de abajo.

Nombre: ______________________________ Fecha: ____________

Prueba del capítulo 3

Guía de evaluación
Multiplicar por y dividir entre fracciones y números mixtos

Sección A Preguntas de opción múltiple

1 ¿Cuál es el producto de $\frac{2}{3}$ y 9?

(A) 54

(B) 27

(C) 18

(D) 6

2 David tiene $\frac{3}{4}$ kilogramo de harina. Usa $\frac{6}{7}$ de esa cantidad para hornear unos panes. ¿Cuánta harina usó?

(A) $\frac{9}{14}$ kg

(B) $\frac{21}{24}$ kg

(C) $\frac{3}{28}$ kg

(D) $\frac{18}{7}$ kg

3 ¿Cuál es el valor de $\frac{7}{5} \times \frac{15}{2}$?
Elige las **dos** respuestas correctas.

(A) $\frac{7}{10}$

(B) $\frac{105}{10}$

(C) $1\frac{1}{2}$

(D) $4\frac{1}{5}$

(E) $10\frac{1}{2}$

4 $\frac{1}{3} \div 4 =$ ________

¿Cuál es el número que falta?

- (A) $\frac{1}{12}$
- (B) $\frac{3}{4}$
- (C) $\frac{4}{3}$
- (D) 12

5 ¿Qué enunciado se puede representar con la expresión $1\frac{7}{8} \times 4$?

- (A) Un cocinero tiene 4 paquetes de frutos secos. Cada paquete pesa $1\frac{7}{8}$ kilogramo.
- (B) Un tanque contiene 4 galones de agua. Sofía drena $1\frac{7}{8}$ galón de agua del tanque.
- (C) El dueño de una tienda tiene 4 libras de fruta disecada. Envasa la fruta disecada en bolsas de $1\frac{7}{8}$ libra cada una.
- (D) Una profesora de Arte tiene 4 botellas de pintura. Sus estudiantes usan $1\frac{7}{8}$ botella de pintura.

Sección B Preguntas de respuesta corta

6 $2 \div \frac{1}{7} =$

Indica tu respuesta en la cuadrícula de respuestas.

⊙	⊙	⊙	⊙	⊙	⊙
⓪	⓪	⓪	⓪	⓪	⓪
①	①	①	①	①	①
②	②	②	②	②	②
③	③	③	③	③	③
④	④	④	④	④	④
⑤	⑤	⑤	⑤	⑤	⑤
⑥	⑥	⑥	⑥	⑥	⑥
⑦	⑦	⑦	⑦	⑦	⑦
⑧	⑧	⑧	⑧	⑧	⑧
⑨	⑨	⑨	⑨	⑨	⑨

7 Noah compra 4 bolsas de papas. Cada bolsa de papas pesa $2\frac{3}{8}$ libras. ¿Cuál es el peso total de las papas que compra Noah?

Muestra el proceso y escribe tu respuesta en el espacio de abajo.

8 Lucas tiene 7 piezas de cuerda, cada una de $2\frac{1}{5}$ pies de largo. ¿Cuál es la longitud total de las 7 piezas de cuerda? Escribe tu respuesta como un número decimal.

Muestra el proceso y escribe tu respuesta en el espacio de abajo.

9 Un estanque rectangular mide $7\frac{1}{2}$ metros por $3\frac{3}{5}$ metros. ¿Cuál es el área del estanque?

Muestra el proceso y escribe tu respuesta en el espacio de abajo.

10 La Sra. Jones compró un pedazo de tela que mide $3\frac{3}{4}$ metros por $2\frac{2}{7}$ metros. Compró la tela a $14 por metro cuadrado. ¿Cuánto pagó la Sra. Jones por la tela?

Muestra el proceso y escribe tu respuesta en el espacio de abajo.

Sección C Respuesta elaborada

11 Ally colecciona adhesivos como pasatiempo. Le da a su hermana $\frac{1}{5}$ de sus adhesivos.

Luego le da a su prima $\frac{1}{5}$ de los adhesivos que le quedaban.

Ally dice que, al final, tiene $\frac{3}{5}$ de los adhesivos porque $1 - \frac{1}{5} - \frac{1}{5} = \frac{3}{5}$.

- Explica por qué el razonamiento de Ally es incorrecto.
- ¿Cuál debería ser la respuesta correcta?
- Explica cómo llegaste a tu respuesta.

Escribe tu respuesta y el proceso o la explicación en el espacio de abajo.

12 A lo largo del camino de un jardín, los árboles se ubican a una distancia de $3\frac{1}{2}$ metros unos de otros. Hay un total de 15 árboles. ¿Qué longitud tiene el camino del jardín?

Escribe tu respuesta y el proceso o la explicación en el espacio de abajo.

Nombre: ______________________________ Fecha: ____________

Guía de evaluación
Repaso acumulativo 1

Sección A Preguntas de opción múltiple

1. ¿Cuál es el producto de 670 y 10^2?

   (A) 670
   (B) 6,700
   (C) 67,000
   (D) 670,000

2. ¿Cuál es el valor de 420,000 dividido entre 70 decenas?

   (A) 600
   (B) 4,200
   (C) 6,000
   (D) 7,000

3. Una imprenta usa 307 resmas de papel en un mes. Cada resma tiene 500 hojas de papel. ¿Cuántas hojas de papel usa la imprenta en 10 meses?

   (A) 3,070
   (B) 5,000
   (C) 153,500
   (D) 1,535,000

4 ¿Cuál es la suma de $7\frac{3}{8}$ y $2\frac{5}{6}$?

(A) $9\frac{4}{7}$

(B) 10

(C) $10\frac{1}{3}$

(D) $10\frac{5}{24}$

5 Una tienda tenía 11 kilogramos de cereal. Se vendieron $7\frac{6}{11}$ kilogramos. ¿Cuánto cereal quedó en la tienda?

(A) $3\frac{4}{11}$ kg

(B) $3\frac{5}{11}$ kg

(C) $4\frac{5}{11}$ kg

(D) $4\frac{6}{11}$ kg

6 ¿Qué expresión es igual a $\frac{8}{11}$?

(A) $8 + 11$

(B) 8×11

(C) $\frac{11}{8}$

(D) $8 \div 11$

7 ¿Cuál de las siguientes opciones **no** es igual al producto de $\frac{7}{3}$ y 5?

(A) $\frac{7}{3} + \frac{7}{3} + \frac{7}{3} + \frac{7}{3} + \frac{7}{3}$

(B) $\frac{5}{3} \times 7$

(C) $11\frac{2}{3}$

(D) 35

8 ¿Cuál es el número que falta?

$\frac{12}{7} \times \frac{5}{6} = 1\frac{?}{7}$

(A) 2

(B) 3

(C) 18

(D) 60

9 ¿Cuál de las siguientes opciones tiene el mismo valor que $\frac{1}{5} \div 3$?

(A) $\frac{1}{5} \times \frac{1}{3}$

(B) $5 \div \frac{1}{3}$

(C) $3 \div 5$

(D) $15 \div 3$

10 El ancho de una tela es $3\frac{1}{2}$ metros. Su longitud es $1\frac{1}{3}$ veces su ancho. ¿Cuál es el área de la pieza de tela?

(A) $4\frac{2}{3}$ m^2

(B) $6\frac{2}{9}$ m^2

(C) $16\frac{1}{3}$ m^2

(D) $21\frac{7}{9}$ m^2

Sección B Preguntas de respuesta corta

11 Escribe 5,029,736 en forma desarrollada.

12 $7{,}030 \times 29 =$

Indica tu respuesta en la cuadrícula de respuestas.

⊙	⊙	⊙	⊙	⊙	⊙
⓪	⓪	⓪	⓪	⓪	⓪
①	①	①	①	①	①
②	②	②	②	②	②
③	③	③	③	③	③
④	④	④	④	④	④
⑤	⑤	⑤	⑤	⑤	⑤
⑥	⑥	⑥	⑥	⑥	⑥
⑦	⑦	⑦	⑦	⑦	⑦
⑧	⑧	⑧	⑧	⑧	⑧
⑨	⑨	⑨	⑨	⑨	⑨

13 Yuna tenía 115 cuentas. Guardó las cuentas en bolsas de 15 unidades.
Quiere poner todas las cuentas en bolsas.
Dijo que necesitaría 8 bolsas.

¿Estás de acuerdo con Yuna? Explica tu respuesta.

Muestra el proceso y escribe tu respuesta en el espacio de abajo.

14 $250 - 100 \div 5 =$

Indica tu respuesta en la cuadrícula de respuestas.

⊙	⊙	⊙	⊙	⊙	⊙
⓪	⓪	⓪	⓪	⓪	⓪
①	①	①	①	①	①
②	②	②	②	②	②
③	③	③	③	③	③
④	④	④	④	④	④
⑤	⑤	⑤	⑤	⑤	⑤
⑥	⑥	⑥	⑥	⑥	⑥
⑦	⑦	⑦	⑦	⑦	⑦
⑧	⑧	⑧	⑧	⑧	⑧
⑨	⑨	⑨	⑨	⑨	⑨

15 $(42 - 10) \times 3 - (36 + 6) =$

Indica tu respuesta en la cuadrícula de respuestas.

•	•	•	•	•	•
0	0	0	0	0	0
1	1	1	1	1	1
2	2	2	2	2	2
3	3	3	3	3	3
4	4	4	4	4	4
5	5	5	5	5	5
6	6	6	6	6	6
7	7	7	7	7	7
8	8	8	8	8	8
9	9	9	9	9	9

16 $\frac{3}{5} \div 2 =$

Muestra el proceso y escribe tu respuesta en el espacio de abajo.

17 Matthew corrió $4\frac{3}{4}$ millas y nadó $1\frac{5}{6}$ milla en una carrera. ¿Cuál fue la distancia total de la carrera?

Muestra el proceso y escribe tu respuesta en el espacio de abajo.

18 Jackson se está preparando para organizar una fiesta y planea preparar 40 tazas de ponche. Cada taza puede contener $\frac{1}{5}$ litro de ponche. Jackson mezcla $2\frac{5}{8}$ litros de jarabe con $8\frac{2}{5}$ litros de agua.

¿Tiene Jackson suficiente ponche para la fiesta? Explica tu respuesta.

Muestra el proceso y escribe tu respuesta en el espacio de abajo.

19 A Diego le llevó $3\frac{3}{4}$ horas leer un libro. A Isaias le llevó $\frac{1}{3}$ hora menos leer su libro. ¿Cuánto tiempo pasaron leyendo en total?

Muestra el proceso y escribe tu respuesta en el espacio de abajo.

20 Una pared rectangular mide $9\frac{1}{3}$ metros por $2\frac{1}{7}$ metros. ¿Cuál es el área de la pared?

Muestra el proceso y escribe tu respuesta en el espacio de abajo.

Sección C Respuesta elaborada

21 Zoe quería hacer 8 pulseras, pero le faltaban 115 cuentas. Hizo 3 pulseras y descubrió que le quedaban 240 cuentas. ¿Cuántas cuentas tenía Zoe?

Escribe tu respuesta y el proceso o la explicación en el espacio de abajo.

22 Liam horneó unas galletas. $\frac{7}{8}$ de ellas eran galletas de almendra y las restantes eran galletas de chocolate. Regaló $\frac{1}{2}$ de las galletas de almendra y $\frac{5}{8}$ de las galletas de chocolate. Regaló 132 galletas en total. ¿Cuántas galletas horneó Liam al principio?

Escribe tu respuesta y el proceso o la explicación en el espacio de abajo.

23 Jack tenía algunas canicas. Regaló $\frac{2}{9}$ de las canicas a John y $\frac{3}{7}$ del resto a Landon. Luego, Jack compró 45 canicas nuevas y entonces tuvo 15 canicas más de las que tenía al principio. Zane dijo que Jack tenía 30 canicas al principio porque 45 – 15 = 30.

- Explica el error de Zane.
- ¿Cuántas canicas tenía Jack al principio?
- Explica cómo llegaste a tu respuesta.

Escribe tu respuesta y el proceso o la explicación en el espacio de abajo.

Nombre: ______________________________ Fecha: ____________

Prueba del capítulo 4

Guía de evaluación
Números decimales

Sección A Preguntas de opción múltiple

1 ¿Cómo se escribe 3.004 como un número mixto en su mínima expresión?

Ⓐ $3\frac{2}{5}$

Ⓑ $3\frac{1}{25}$

Ⓒ $3\frac{1}{125}$

Ⓓ $3\frac{1}{250}$

2 ¿Cómo se escribe 0.075 como una fracción en su mínima expresión?

Ⓐ $\frac{1}{4}$

Ⓑ $\frac{3}{4}$

Ⓒ $\frac{1}{40}$

Ⓓ $\frac{3}{40}$

3 ¿Cuál es el valor del dígito 2 en 7.021?

Ⓐ 2

Ⓑ 0.2

Ⓒ 0.02

Ⓓ 0.002

4 Un número tiene 3 lugares decimales. Es 7.49 cuando se redondea hasta el centésimo más cercano. ¿Cuáles podrían ser los números?
Elige las **cuatro** respuestas correctas.

(A) 7.483
(B) 7.485
(C) 7.489
(D) 7.491
(E) 7.492
(F) 7.495

5 ¿Qué números o expresiones son iguales a $3\frac{30}{1,000}$?
Elige las **dos** respuestas correctas.

(A) 3.003
(B) 3.03
(C) 3.3
(D) $3 + \frac{15}{500}$
(E) $\frac{300}{1,000} + \frac{30}{1,000}$

Sección B Preguntas de respuesta corta

6 El peso de un automóvil pequeño cuando se redondea hasta los 2 lugares decimales más cercanos es de 1.24 toneladas. Halla el mayor y el menor peso posible del automóvil con 3 lugares decimales antes de redondearlo hasta el centésimo más cercano. Explica cómo llegaste a tu respuesta. Usa la recta numérica como ayuda.

Muestra el proceso y escribe tu respuesta en el espacio de abajo.

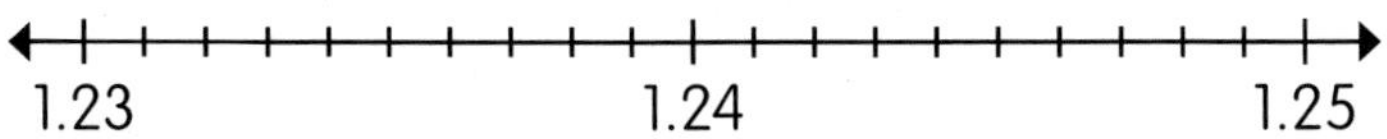

7 ¿Cuánto es $5\frac{2}{25}$ expresado como número decimal?

Indica tu respuesta en la cuadrícula de respuestas.

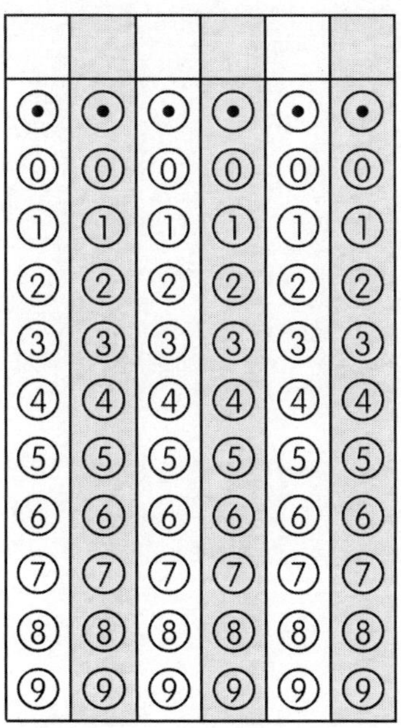

8 $2 + 0.2 + 0.05 + 0.001 =$

Indica tu respuesta en la cuadrícula de respuestas.

⊙	⊙	⊙	⊙	⊙	⊙
⓪	⓪	⓪	⓪	⓪	⓪
①	①	①	①	①	①
②	②	②	②	②	②
③	③	③	③	③	③
④	④	④	④	④	④
⑤	⑤	⑤	⑤	⑤	⑤
⑥	⑥	⑥	⑥	⑥	⑥
⑦	⑦	⑦	⑦	⑦	⑦
⑧	⑧	⑧	⑧	⑧	⑧
⑨	⑨	⑨	⑨	⑨	⑨

9 Escribe 7.625 como un número mixto en su mínima expresión.

Muestra el proceso y escribe tu respuesta en el espacio de abajo.

10 Compara los números decimales. Escribe $<$ o $>$.

2.314 ◯ 2.341

Sección C Respuesta elaborada

11 Este es el resultado de una carrera de 100 metros.

Atleta	Tiempo (segundos)
Alex	14.123
Bryan	13.105
Chris	13.15
Diego	13.015
Gavin	14.002
Henry	14.013

Alex dijo que llegó primero.

- Explica el error de Alex.
- ¿En qué posición llegó Alex?
- Explica cómo llegaste a tu respuesta.

Escribe tu respuesta y el proceso o la explicación en el espacio de abajo.

12 Pedro tiene tres oportunidades de lanzar el martillo en una competición. Estas son las distancias de sus lanzamientos.

74.21 yardas   74.201 yardas   74.2 yardas

Pedro dice que 74.21 yardas es la distancia más larga de sus tres lanzamientos.

¿Estás de acuerdo con Pedro? Explica tu respuesta.

Escribe tu respuesta y el proceso o la explicación en el espacio de abajo.

Nombre: ______________________________ Fecha: ______________

Prueba del capítulo 5

Guía de evaluación
Las cuatro operaciones con números decimales

Sección A Preguntas de opción múltiple

1 ¿Cuánto es la suma de 1.68 y 3.4?

(A) 3.72

(B) 4.08

(C) 4.368

(D) 5.08

2 ¿Cuál es el dígito que falta?

$$\begin{array}{r} 4.\ \square \\ -\ 2.\ 0\ 2 \\ \hline 2.\ 7\ 8 \end{array}$$

(A) 5

(B) 7

(C) 8

(D) 9

3 ¿Cuál es el producto de 5.02 × 300?

(A) 15.06

(B) 15.6

(C) 150.6

(D) 1,506

4 ¿Cuál de las siguientes ecuaciones sería correcta si se escribe el número 300 en el recuadro?

A) $3.6 \div \square = 0.012$

B) $360 \div \square = 0.12$

C) $36 \div \square = 0.012$

D) $3{,}600 \div \square = 1.2$

5 Kiara tenía 4.3 kilogramos de papas. Usó 800 gramos de papas para hacer unas tartas. ¿Cuántos gramos de papas le quedaron?

A) 3.5 gramos

B) 350 gramos

C) 3,500 gramos

D) 35,000 gramos

Sección B Preguntas de respuesta corta

6 ¿Cuál es el valor de 2.005×10^2?

Indica tu respuesta en la cuadrícula de respuestas.

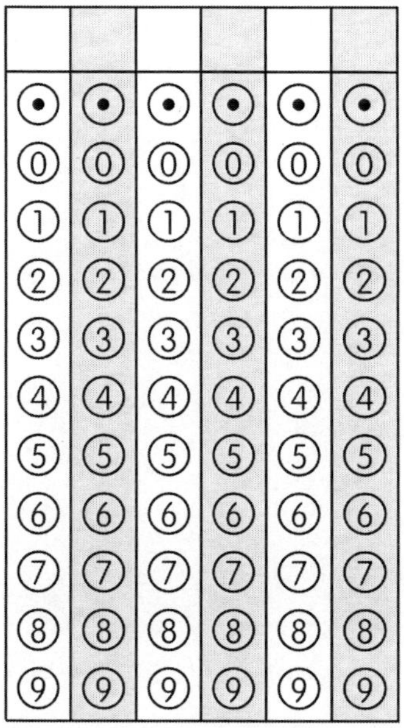

7 Estima \$13.75 + \$5.35 redondeando hasta el dólar más cercano.

Muestra el proceso y escribe tu respuesta en el espacio de abajo.

8 5 libros cuestan $28.75. Justin quiere comprar 8 libros similares. Tiene $50. ¿Le alcanza el dinero? Explica tu respuesta.

Muestra el proceso y escribe tu respuesta en el espacio de abajo.

9. Elijah tiene \$15.35. Su hermano tiene \$17.80. ¿Cuánto dinero tienen en total?

Muestra el proceso y escribe tu respuesta en el espacio de abajo.

10 Un panadero tenía 47.50 kilogramos de harina. Utilizó 27.85 kilogramos. ¿Cuánta harina le quedó?

Muestra el proceso y escribe tu respuesta en el espacio de abajo.

Sección C Respuesta elaborada

11 Julia compró 5 bolígrafos que cuestan \$3.05 cada uno y 3 lápices que cuestan \$1.95 cada uno. Le dio \$25 al cajero. Julia dijo que recibió aproximadamente \$4 de cambio.

¿Tenía razón Julia? Explica tu respuesta.

Escribe tu respuesta y el proceso o la explicación en el espacio de abajo.

12 El Sr. Williams compró un total de 30 magdalenas y tartas. Cada magdalena costó $2.50 y cada tarta costó $4.50. Las tartas costaron $9 más que las magdalenas. ¿Cuántos artículos de cada tipo compró?

Escribe tu respuesta y el proceso o la explicación en el espacio de abajo.

Nombre: ______________________ Fecha: __________

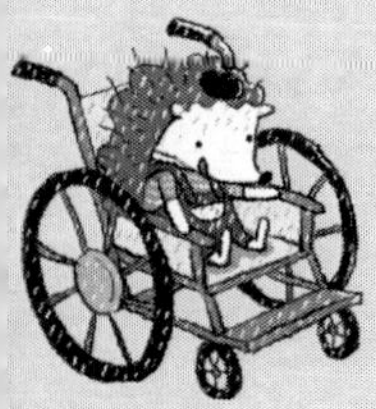

Guía de evaluación
Repaso acumulativo 2

Sección A Preguntas de opción múltiple

1. ¿Cómo se escribe 7.108 como un número mixto en su mínima expresión?

   (A) $7\frac{1}{5}$
   (B) $7\frac{18}{25}$
   (C) $7\frac{11}{125}$
   (D) $7\frac{27}{250}$

2. ¿Cómo se escribe 1.025 como una fracción en su mínima expresión?

   (A) $1\frac{1}{4}$
   (B) $1\frac{1}{8}$
   (C) $1\frac{1}{40}$
   (D) $1\frac{1}{125}$

3. ¿Cuál es la suma del valor del dígito 3 en 1.293 y el valor del dígito 5 en 2.59?

   (A) 0.35
   (B) 0.305
   (C) 0.503
   (D) 0.8

4. ¿Cuánto es 6.389 cuando se redondea hasta el centésimo más cercano?

(A) 6.37
(B) 6.38
(C) 6.39
(D) 6.40

5. ¿Cómo se escribe $8\frac{8}{1,000}$ como un número decimal?

(A) 8.008
(B) 8.08
(C) 8.8
(D) 8.88

6. ¿Cuánto es la suma de 7.08 y 2.5?

(A) 9.13
(B) 9.508
(C) 9.58
(D) 10.3

7 ¿Cuáles son los dígitos que faltan?

$$\begin{array}{r} \square.\square\,2 \\ +\ 3.2 \\ \hline 7.1\,2 \end{array}$$

(A) 2; 9

(B) 3; 9

(C) 4; 9

(D) 9; 2

8 ¿Cuál de las siguientes opciones tiene un valor de 10.5?
Elige las **dos** respuestas correctas.

(A) 0.021×50

(B) 0.021×500

(C) 0.21×50

(D) 0.21×500

(E) 2.1×500

9 Un tanque contenía 7.02 litros de agua. Se salieron 550 mililitros.
¿Cuántos mililitros de agua quedaron en el tanque?

(A) 64,700 mililitros

(B) 6,470 mililitros

(C) 647 mililitros

(D) 6.47 mililitros

10 Amanda corrió varias vueltas en una pista. Cada vuelta fue 0.4 kilómetros de longitud. Corrió una distancia total de 1.2 kilómetros. Dan corrió 2 vueltas más que Amanda en la misma pista. ¿Cuantos kilómetros corrió Dan?

Ⓐ 0.2 km

Ⓑ 0.8 km

Ⓒ 2 km

Ⓓ 2.4 km

Sección B Preguntas de respuesta corta

11 La distancia entre la biblioteca y la casa de Wyatt es 1.86 kilómetros, redondeada hasta los 2 lugares decimales más cercanos. Halla la mayor y la menor distancia posible con 3 lugares decimales antes de que se redondeara hasta el centésimo más cercano. Explica cómo llegaste a tu respuesta. Usa la recta numérica como ayuda.

Muestra el proceso y escribe tu respuesta en el espacio de abajo.

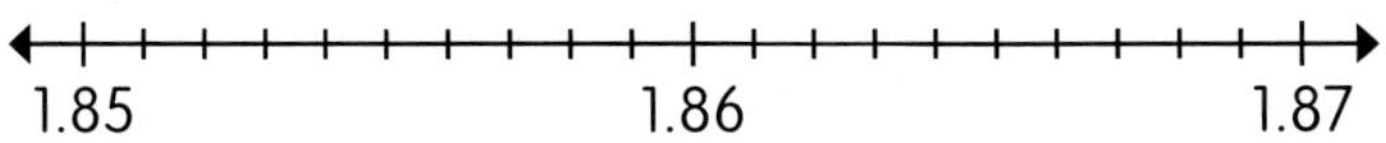

12 ¿Cuánto es $8\frac{3}{8}$ expresado como un número decimal?

Indica tu respuesta en la cuadrícula de respuestas.

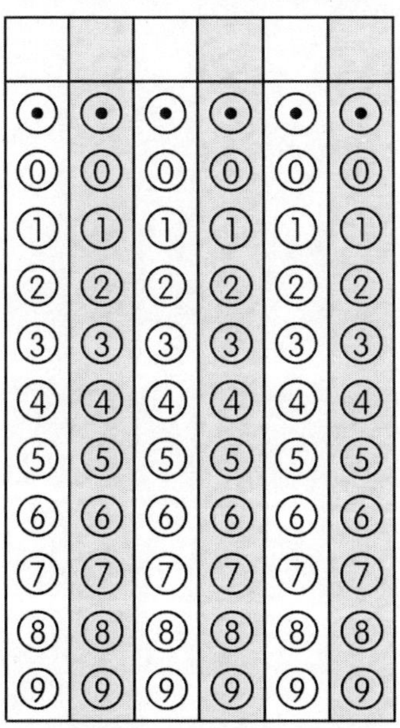

13 $3.5 + 1.2 =$

Indica tu respuesta en la cuadrícula de respuestas.

⊙	⊙	⊙	⊙	⊙	⊙
⓪	⓪	⓪	⓪	⓪	⓪
①	①	①	①	①	①
②	②	②	②	②	②
③	③	③	③	③	③
④	④	④	④	④	④
⑤	⑤	⑤	⑤	⑤	⑤
⑥	⑥	⑥	⑥	⑥	⑥
⑦	⑦	⑦	⑦	⑦	⑦
⑧	⑧	⑧	⑧	⑧	⑧
⑨	⑨	⑨	⑨	⑨	⑨

14 ¿Cuánto es 5.36 menos que 29.78?

Indica tu respuesta en la cuadrícula de respuestas.

⊙	⊙	⊙	⊙	⊙	⊙
⓪	⓪	⓪	⓪	⓪	⓪
①	①	①	①	①	①
②	②	②	②	②	②
③	③	③	③	③	③
④	④	④	④	④	④
⑤	⑤	⑤	⑤	⑤	⑤
⑥	⑥	⑥	⑥	⑥	⑥
⑦	⑦	⑦	⑦	⑦	⑦
⑧	⑧	⑧	⑧	⑧	⑧
⑨	⑨	⑨	⑨	⑨	⑨

15 Escribe 9.875 como un número mixto en su mínima expresión.

Muestra el proceso y escribe tu respuesta en el espacio de abajo.

16 $2.8 \div 40 =$

Indica tu respuesta en la cuadrícula de respuestas.

⊙	⊙	⊙	⊙	⊙	⊙
⓪	⓪	⓪	⓪	⓪	⓪
①	①	①	①	①	①
②	②	②	②	②	②
③	③	③	③	③	③
④	④	④	④	④	④
⑤	⑤	⑤	⑤	⑤	⑤
⑥	⑥	⑥	⑥	⑥	⑥
⑦	⑦	⑦	⑦	⑦	⑦
⑧	⑧	⑧	⑧	⑧	⑧
⑨	⑨	⑨	⑨	⑨	⑨

17 Estima el valor de 27.18×2 redondeando hasta el número entero más cercano.

Muestra el proceso y escribe tu respuesta en el espacio de abajo.

18 Kevin compró 7 melones que costaron $2.75 cada uno. Le dio $20 al cajero. Dijo que recibió $0.75 de cambio.

¿Tenía razón Kevin? Explica tu respuesta.

Muestra el proceso y escribe tu respuesta en el espacio de abajo.

19 Hay dos pedazos de cinta. Un pedazo mide 6.42 pies de longitud. El otro pedazo es 1.56 pies más corto. Sanjay necesita 12 pies de cinta para una fiesta.

¿Tiene Sanjay suficiente cinta? Explica tu respuesta.

Muestra el proceso y escribe tu respuesta en el espacio de abajo.

20 Iván ahorró $7.50. Kylie ahorró el doble que Iván. Pedro ahorró $3.80 más que Kylie. ¿Cuánto ahorró Pedro?

Muestra el proceso y escribe tu respuesta en el espacio de abajo.

Sección C Respuesta elaborada

21 La tabla muestra el resultado de una carrera de 100 metros.

Atleta	Tiempo (segundos)
Andrea	15.325
Brianna	14.501
Carla	15.243
Daniella	14.498
Emilia	15.401
Fátima	14.975

Fátima dijo que ella llegó última.

- Explica el error de Fátima.
- ¿En qué posición llegó Fátima?
- Explica cómo llegaste a tu respuesta.

Escribe tu respuesta y el proceso o la explicación en el espacio de abajo.

22 Tres niños anotaron las distancias de sus saltos en largo. Eric saltó 6 centímetros más que Daniel. Eddie saltó 0.12 metros más que Eric. Los tres niños saltaron 5.19 metros en total. ¿Qué tan lejos saltó Eddie?

Escribe tu respuesta y el proceso o la explicación en el espacio de abajo.

23 4 peras y 6 manzanas cuestan $6.90. 6 peras y 4 manzanas cuestan $7.60. ¿Cuál es el costo de 1 pera? ¿Cuál es el costo de 1 manzana?

Escribe tu respuesta y el proceso o la explicación en el espacio de abajo.

Nombre: ______________________________ Fecha: ____________

Guía de evaluación
Volumen

Sección A Preguntas de opción múltiple

1 Este cuerpo geométrico está compuesto por cubos de una unidad. ¿Cuál es el volumen del cuerpo geométrico?

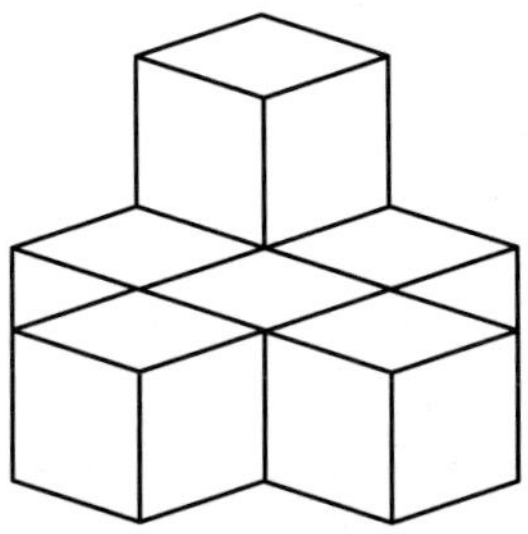

(A) 7 unidades cúbicas
(B) 6 unidades cúbicas
(C) 5 unidades cúbicas
(D) 4 unidades cúbicas

2 Hay 3 litros de agua en el recipiente rectangular que se muestra. ¿Cuánta más agua se necesita para llenar el recipiente hasta el borde?

(A) 2,000 centímetros cúbicos
(B) 2,500 centímetros cúbicos
(C) 3,000 centímetros cúbicos
(D) 4,500 centímetros cúbicos

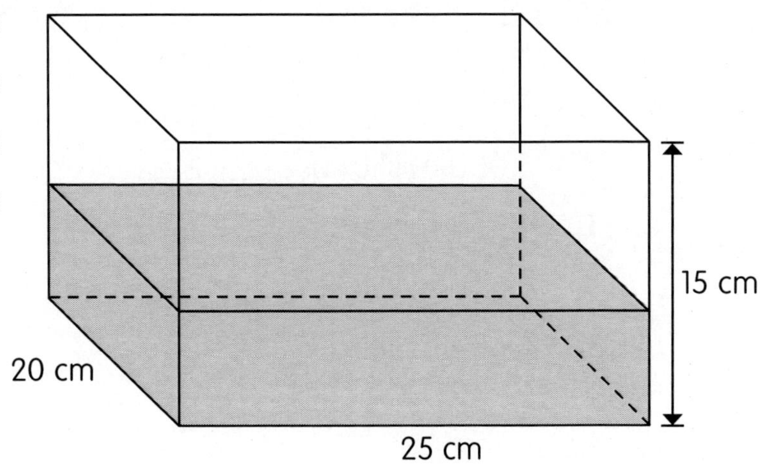

3. Un prisma rectangular con una base cuadrada de 3 yardas de longitud tiene 5 yardas de altura. ¿Cuál es su volumen?

(A) 15 yardas cúbicas
(B) 27 yardas cúbicas
(C) 45 yardas cúbicas
(D) 75 yardas cúbicas

4. ¿Cuánto es 56 centímetros cúbicos en mililitros?

(A) 0.056 mililitros
(B) 0.56 mililitros
(C) 5.6 mililitros
(D) 56 mililitros

5. Un acuario tiene 5 litros y 4 mililitros de agua. ¿Cuánta más agua tiene que el vaso de precipitados?

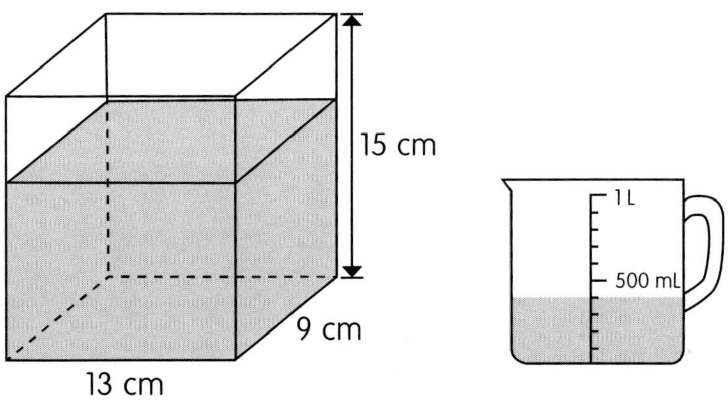

(A) 5,000 mililitros
(B) 4,964 mililitros
(C) 4,640 mililitros
(D) 4,604 mililitros

Sección B Preguntas de respuesta corta

6 ¿Cuál es el volumen de un cubo con una longitud de arista de 14 pulgadas?

Muestra el proceso y escribe tu respuesta en el espacio de abajo.

7 Una caja mide 32 centímetros por 19 centímetros por 14 centímetros. ¿Cuál es la capacidad de la caja? Escribe tu respuesta en litros y mililitros.

Muestra el proceso y escribe tu respuesta en el espacio de abajo.

8 Un tanque rectangular se llena con agua hasta una altura de 8 centímetros. ¿Cuánta más agua se necesita para llenar el tanque por completo? Da tu respuesta en mililitros. ($1\ cm^3 = 1\ mL$)

Muestra el proceso y escribe tu respuesta en el espacio de abajo.

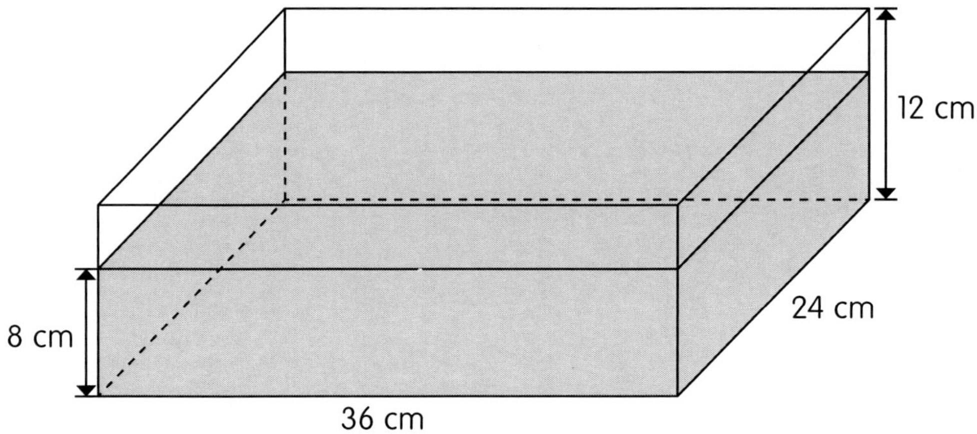

9 La figura muestra un tanque rectangular. Las áreas de las caras miden 14 centímetros cuadrados, 18 centímetros cuadrados y 63 centímetros cuadrados. ¿Cuál es el volumen del tanque?

Muestra el proceso y escribe tu respuesta en el espacio de abajo.

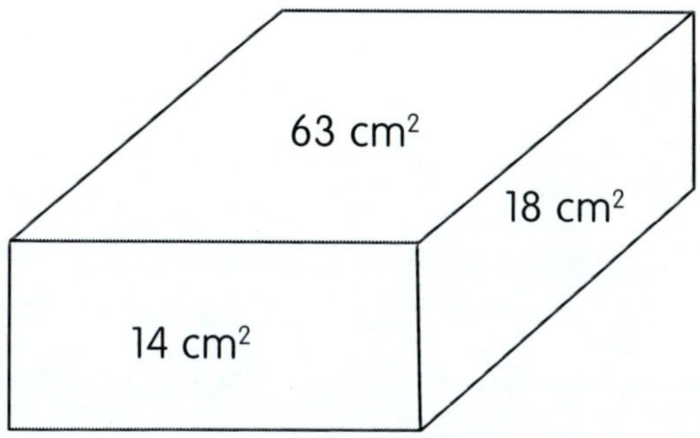

10 Se corta un cubo con una arista de 15 centímetros de un bloque de madera rectangular como el que se muestra. Halla el volumen del bloque restante.

Muestra el proceso y escribe tu respuesta en el espacio de abajo.

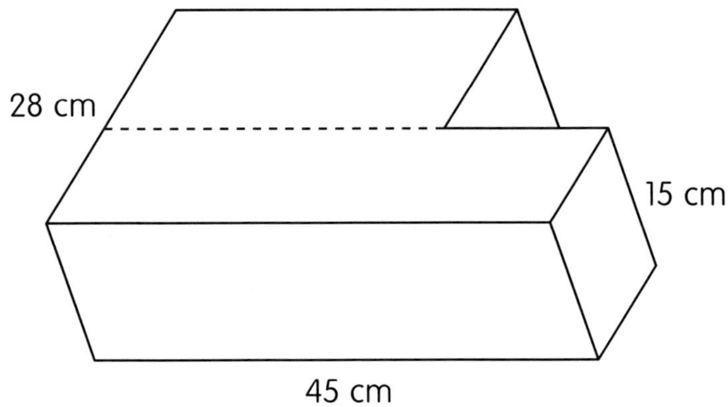

Sección C Respuesta elaborada

11 Un tanque rectangular, de 40 centímetros por 15 centímetros por 20 centímetros, se llena $\frac{1}{3}$ con agua. Se drenan 2.075 litros de agua del tanque. Emily quiere llenar una botella de 2 litros con el agua que queda en el tanque. ¿Hay suficiente agua? Explica tu respuesta.

Escribe tu respuesta y el proceso o la explicación en el espacio de abajo.

12 Un acuario se compone de dos tanques rectangulares como se muestra a continuación. Alex está buscando un acuario que tenga una capacidad de al menos 40,000 cm^3. ¿Es el acuario adecuado para Alex? Explica tu respuesta.

Escribe tu respuesta y el proceso o la explicación en el espacio de abajo.

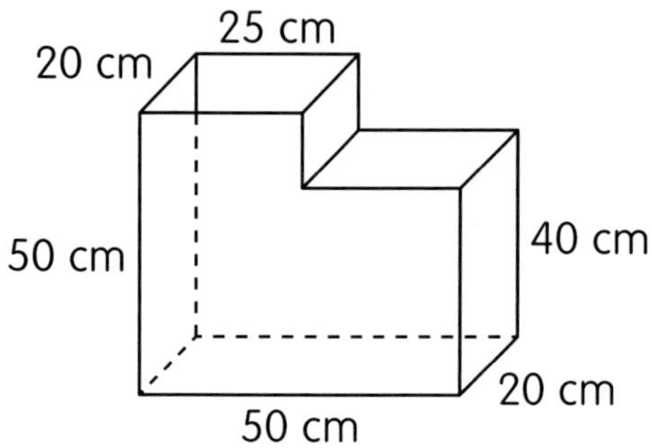

Nombre: ____________________ Fecha: __________

Guía de evaluación
Diagramas de acumulación y el plano de coordenadas

Sección A Preguntas de opción múltiple

1 Esta pregunta tiene dos partes.
El diagrama de acumulación muestra los pesos de las almendras que hay en 10 bolsas.
Cada ✗ representa 1 bolsa de almendras.

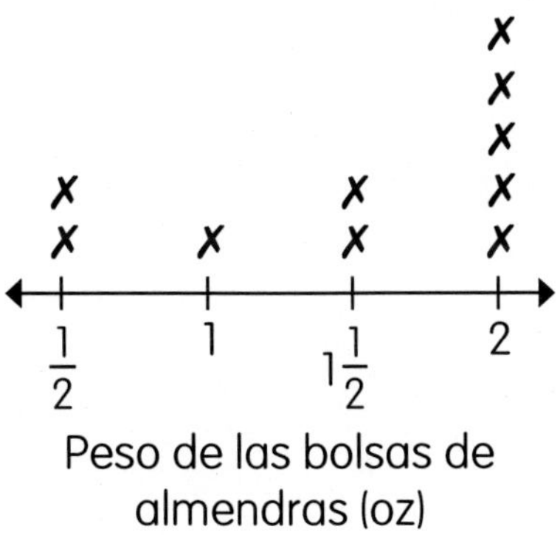

Parte A

¿Cuál es el peso total de las almendras que hay en las 10 bolsas?

(A) 5 onzas

(B) 10 onzas

(C) 12 onzas

(D) 15 onzas

Parte B

Si estas almendras se distribuyeran equitativamente entre las 10 bolsas, ¿cuál sería el peso de las almendras de cada bolsa?

(A) $\frac{1}{2}$ onza

(B) $\frac{2}{3}$ onza

(C) $1\frac{1}{2}$ onza

(D) $1\frac{2}{3}$ onza

2 Esta pregunta tiene tres partes.

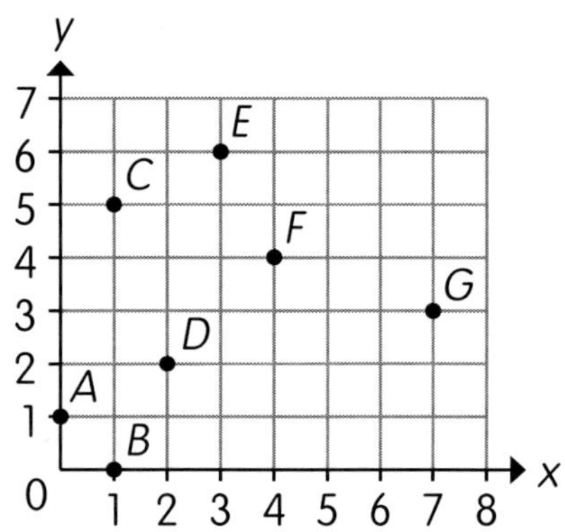

Parte A

¿Cuáles son las coordenadas de *G*?

(A) (3, 3)

(B) (3, 7)

(C) (7, 3)

(D) (7, 7)

Parte B

¿Cuáles son las coordenadas de *B*?

(A) (0, 1)

(B) (1, 5)

(C) (1, 0)

(D) (5, 1)

Parte C

¿Cuáles son las coordenadas posibles para el punto *H*, tales que los puntos *B*, *C* y *H* formen un triángulo rectángulo?
Elige las **dos** respuestas correctas.

(A) (0, 0)

(B) (0, 1)

(C) (4, 0)

(D) (1, 1)

(E) (4, 7)

Sección B Preguntas de respuesta corta

3 Esta pregunta tiene dos partes.
En la gráfica, se muestra el costo de encaje medido en yardas.

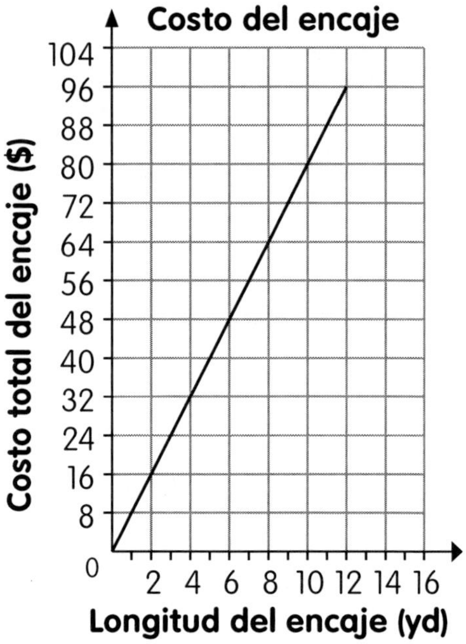

Parte A

¿Cuál es el costo de 2 yardas de encaje?

Indica tu respuesta en la cuadrícula de respuestas.

$

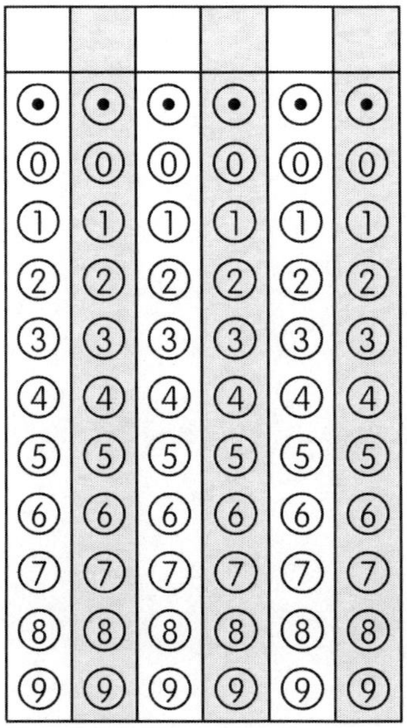

Parte B

¿Cuántas yardas de encaje puedes comprar con $48?

Muestra el proceso y escribe tu respuesta en el espacio de abajo.

4 Esta pregunta tiene tres partes.
En la tabla, se muestra la cantidad de aceite que hay en 12 latas.

Cantidad de aceite (gal)	$\frac{1}{8}$	$\frac{1}{4}$	$\frac{3}{8}$	$\frac{1}{2}$	$\frac{5}{8}$
Número de latas	1	3	4	2	2

Parte A

Usa los datos para hacer un diagrama de acumulación.

Muestra el proceso y escribe tu respuesta en el espacio de abajo.

Parte B

Halla la diferencia entre la cantidad total de aceite en las latas de $\frac{1}{8}$ galón y las latas de $\frac{3}{8}$ galón. Da tu resultado como un número mixto en su mínima expresión.

Muestra el proceso y escribe tu respuesta en el espacio de abajo.

Parte C

Kyle dice que más de la mitad de las latas tienen al menos $\frac{3}{8}$ galón de aceite. ¿Estás de acuerdo? Explica tu respuesta.

Muestra el proceso y escribe tu respuesta en el espacio de abajo.

Sección C Respuesta elaborada

5 En la tabla de conteo, se muestran los pesos de las pasas que hay en 8 bolsas.

Peso de las pasas (oz)	Número de bolsas
1	/
$1\frac{1}{4}$	//
$1\frac{1}{2}$	//
$1\frac{3}{4}$	/
2	//

Nathan usó los datos e hizo un diagrama de acumulación.
Cada ✗ representa 1 bolsa de pasas.

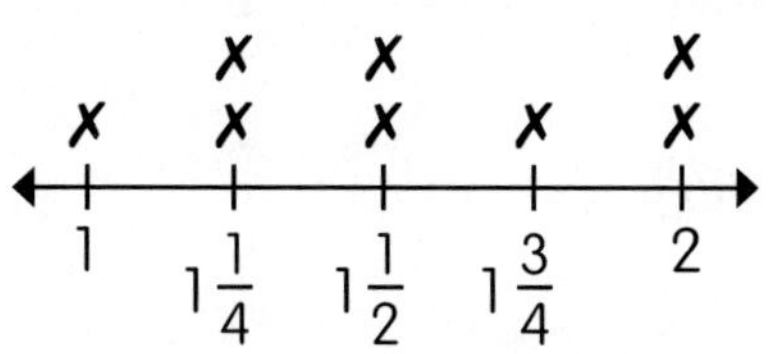

Peso de las bolsas de pasas (oz)

- ¿Presentó Nathan los datos correctamente en el diagrama de acumulación?
- ¿Cuál es el peso total de las pasas que hay en las 8 bolsas?
- Explica cómo llegaste a tu respuesta.

Escribe tus respuestas y el proceso o la explicación en el espacio de abajo.

6 En la tabla, se muestra la cantidad de harina que hay en 10 bolsas.

Masa de harina (kg)	$\frac{1}{8}$	$\frac{1}{4}$	$\frac{3}{8}$	$\frac{1}{2}$
Número de bolsas	1	3	4	2

Emma usó los datos e hizo un diagrama de acumulación.

Cada ✗ representa 1 bolsa de harina.

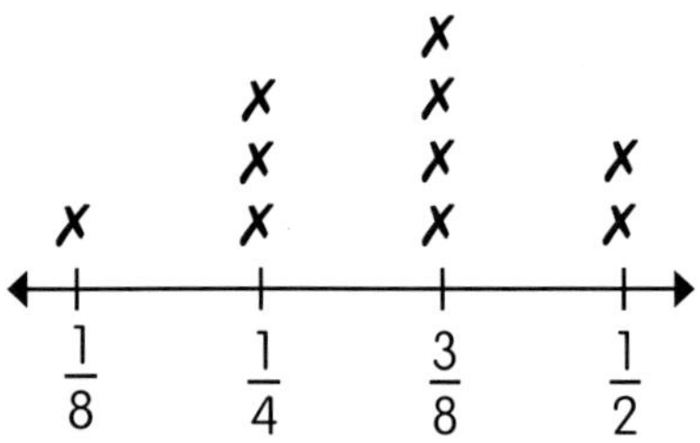

Masa de bolsas de harina (kg)

Emma dice que la cantidad total de harina que hay en todas las bolsas es $3\frac{3}{8}$ kilogramos. ¿Tiene razón Emma? Explica tu respuesta.

Escribe tu respuesta y el proceso o la explicación en el espacio de abajo.

Nombre: ______________________________ Fecha: __________

Prueba del capítulo 8

Guía de evaluación
Polígonos

Sección A Preguntas de opción múltiple

1. ¿Cuáles de los siguientes enunciados acerca del triángulo son verdaderos? Elige las **dos** respuestas correctas.

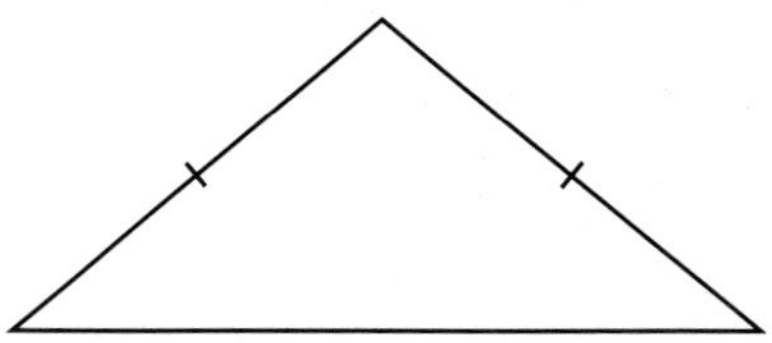

(A) Tiene un ángulo recto.
(B) Es un triángulo acutángulo.
(C) Es un triángulo obtusángulo.
(D) Tiene tres lados iguales.
(E) Tiene dos lados iguales.

2. ¿Cuál de las siguientes opciones identifica correctamente la figura?

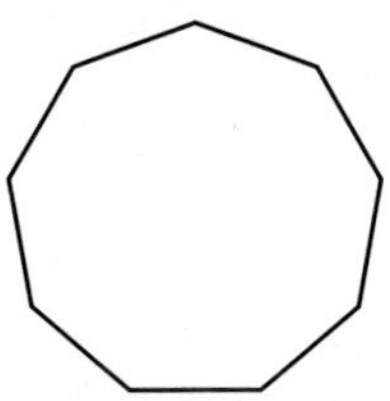

(A) heptágono
(B) octágono
(C) eneágono
(D) decágono

3 ¿Qué enunciados sobre la figura son correctos?
Elige las **dos** respuestas correctas.

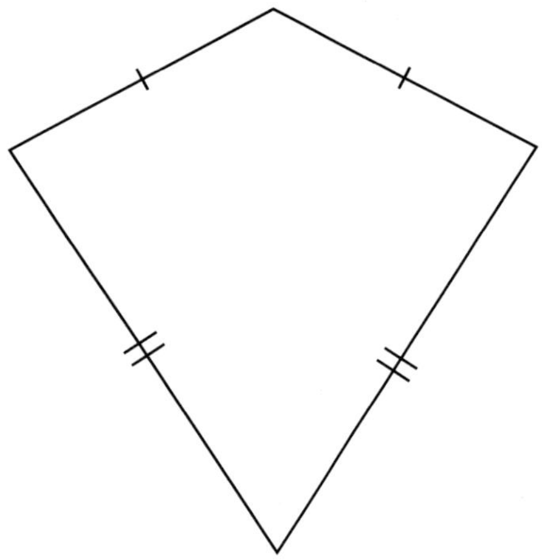

(A) Es una cometa.
(B) Es un rombo.
(C) Tiene dos pares de lados paralelos.
(D) Tiene dos pares de lados iguales.
(E) Sus lados opuestos son iguales.

4 ¿Cuál de las siguientes opciones identifica correctamente la figura?

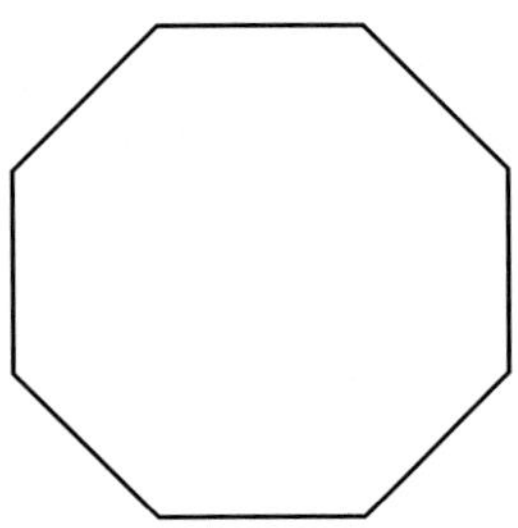

(A) trapecio
(B) pentágono
(C) hexágono
(D) octágono

5 ¿Qué figura es un cuadrilátero con cuatro lados congruentes?

Ⓐ cometa

Ⓑ rombo

Ⓒ trapecio

Ⓓ paralelogramo

Sección B Preguntas de respuesta corta

6 Clasifica los triángulos en la tabla de abajo.

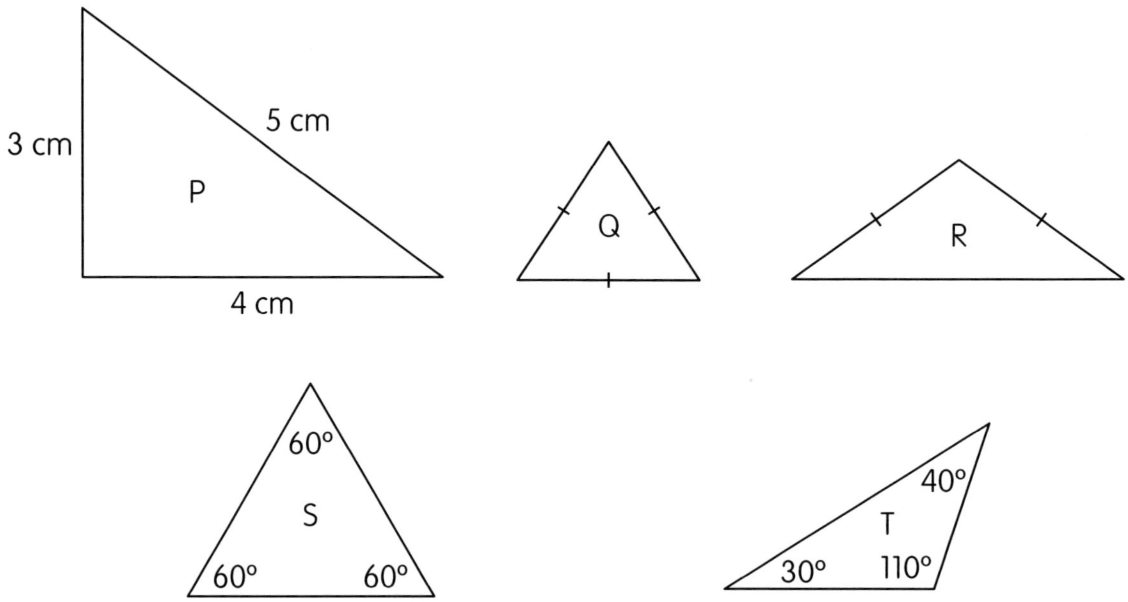

Triángulo equilátero	Triángulo escaleno

7 Esta pregunta tiene dos partes.

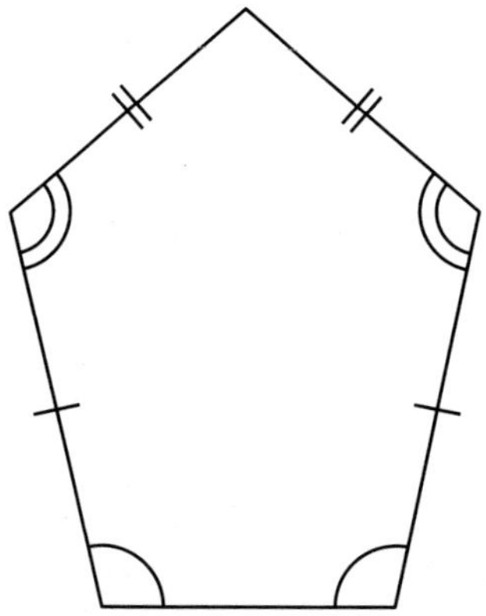

Parte A

Observa la figura y escribe tu respuesta en la tabla de abajo.

Número de pares de líneas congruentes	
Número de pares de ángulos congruentes	

Parte B

Escribe "regular" o "no regular" para completar la oración.

La figura es un polígono ______________________.

8. Usa la letra que representa cada triángulo para completar la oración. Escribe cada respuesta en el espacio en blanco.

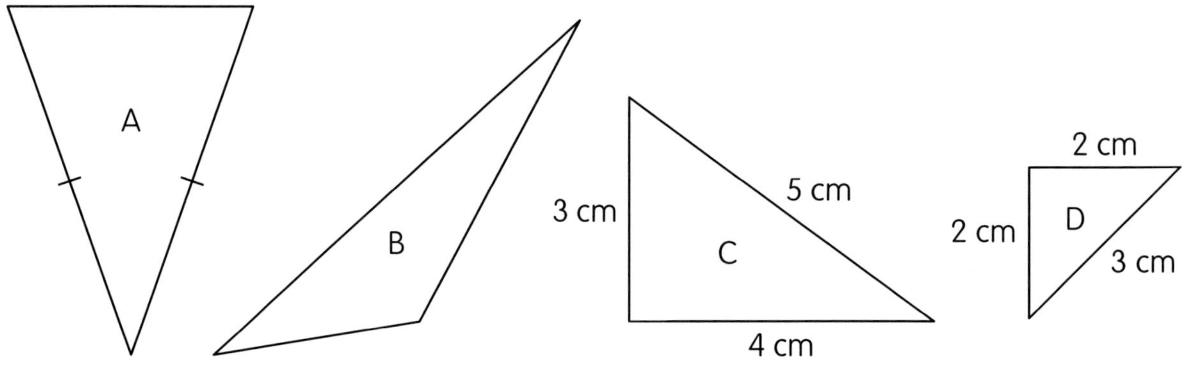

Los triángulos __________ y __________ son triángulos isósceles.

9. ¿Qué figuras son polígonos regulares? Explica tu respuesta.

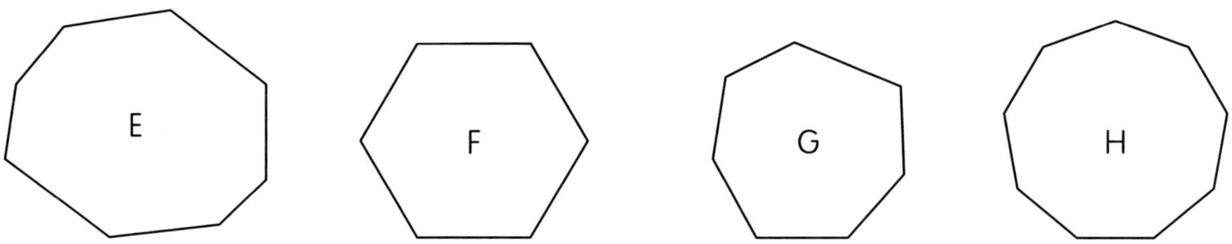

Escribe tu respuesta y explicación en el siguiente espacio.

Sección C Respuesta elaborada

10 Observa la figura de abajo. Ashley dice que es un rombo.

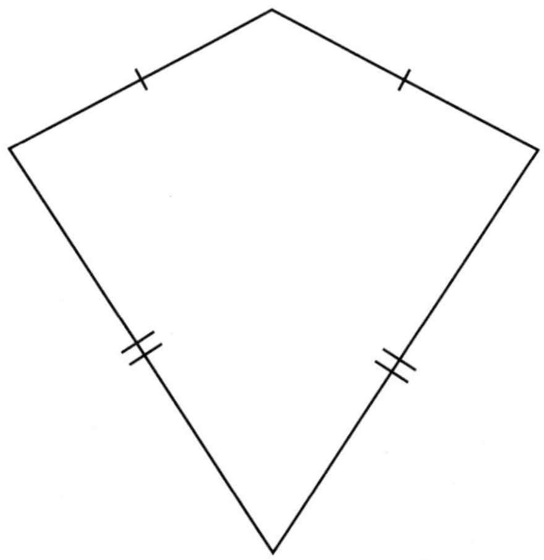

- Explica el error de Ashley.
- ¿Cuál debería ser la respuesta correcta?
- Explica cómo llegaste a tu respuesta.

Escribe tu respuesta y el proceso o la explicación en el espacio de abajo.

11 Observa el triángulo de abajo. Sean dice que es un triángulo escaleno de ángulos agudos.

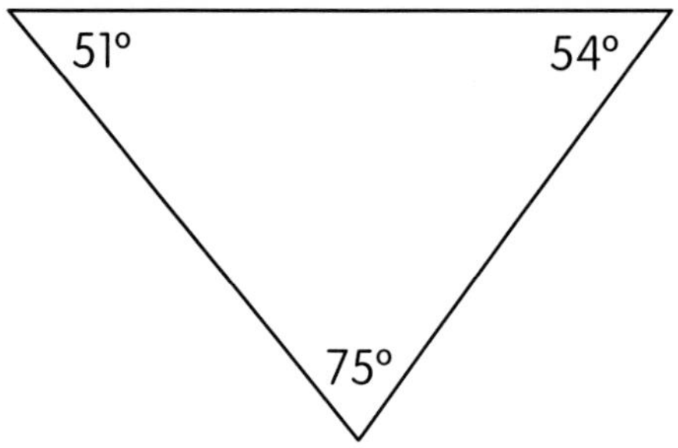

¿Tiene razón Sean? Explica tu respuesta.

Escribe tu respuesta y el proceso o la explicación en el espacio de abajo.

Nombre: ______________________________ Fecha: ____________

Guía de evaluación
Repaso acumulativo 3

Sección A Preguntas de opción múltiple

1. Este cuerpo geométrico está compuesto por cubos de 1 pulgada. ¿Cuál es el volumen del cuerpo geométrico?

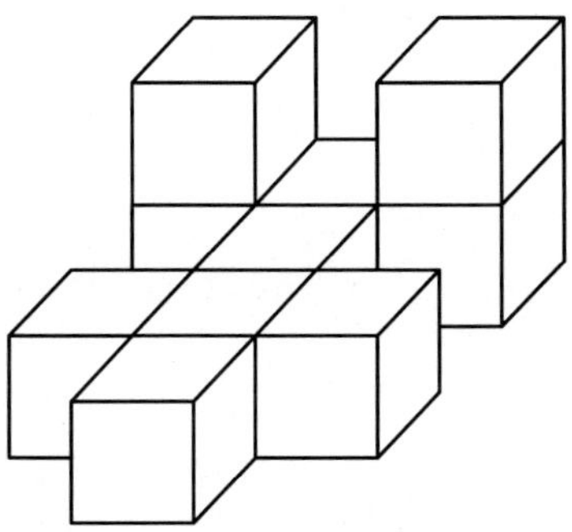

   (A) 1 pulgada cúbica
   (B) 3 pulgadas cúbicas
   (C) 10 pulgadas cúbicas
   (D) 30 pulgadas cúbicas

2. Un prisma rectangular tiene una base cuadrada de lado de 3 metros de longitud y una altura de 4 metros. ¿Cuál es su volumen?

   (A) 9 metros cúbicos
   (B) 12 metros cúbicos
   (C) 36 metros cúbicos
   (D) 64 metros cúbicos

3 Una agricultora tiene un barril con 3 litros y 30 mililitros de agua. Agrega medio litro de agua al barril. ¿Cuál es el nuevo volumen de agua que hay en el barril en centímetros cúbicos?

(A) 2,530 centímetros cúbicos
(B) 2,800 centímetros cúbicos
(C) 3,530 centímetros cúbicos
(D) 3,800 centímetros cúbicos

4 ¿Cuál es el volumen del cuerpo geométrico?

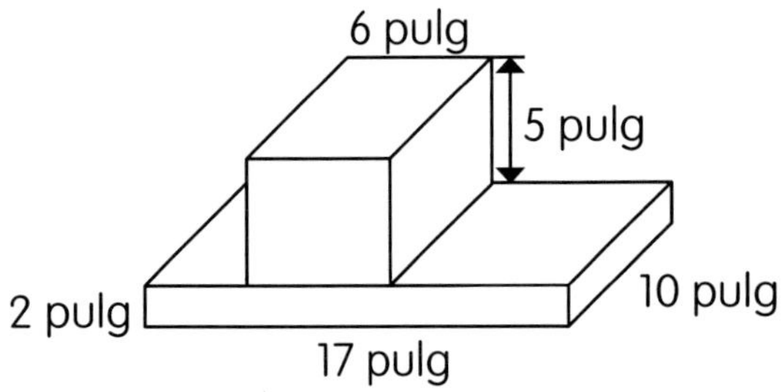

(A) 300 pulgadas cúbicas
(B) 340 pulgadas cúbicas
(C) 600 pulgadas cúbicas
(D) 640 pulgadas cúbicas

5 Esta pregunta tiene dos partes.

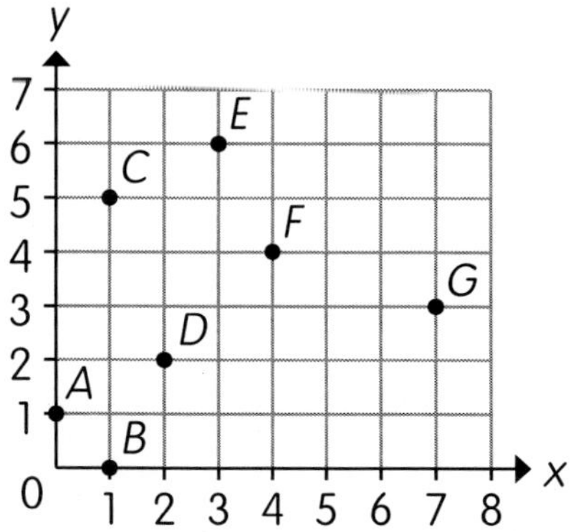

Parte A

¿Cuáles son las coordenadas del punto *E*?

Ⓐ (3, 6)

Ⓑ (3, 7)

Ⓒ (4, 4)

Ⓓ (7, 3)

Parte B

¿Cuál de los siguientes enunciados **no** es verdadero?

Ⓐ Las coordenadas del punto *F* son (4, 4).

Ⓑ El punto *G* está 6 unidades a la derecha y 2 unidades debajo del punto *C*.

Ⓒ El punto *D* está 2 unidades a la izquierda y 2 unidades debajo del punto *F*.

Ⓓ Los puntos *B*, *C* y *G* forman un triángulo obtusángulo.

6 Esta pregunta tiene dos partes.
En el diagrama de acumulación, se muestran los volúmenes de agua que hay en 8 botellas.

Cada ✗ representa 1 botella.

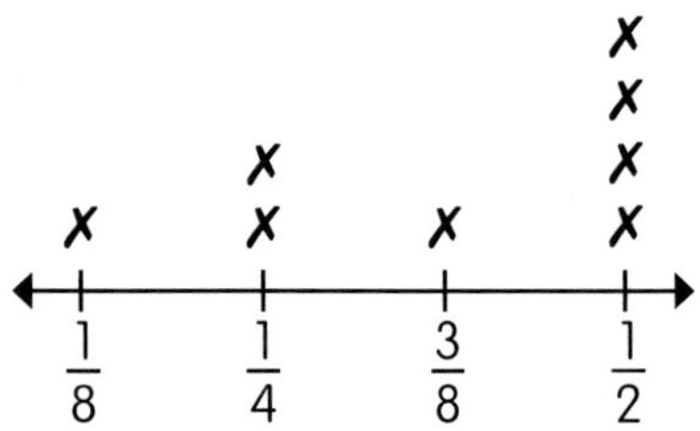

Volumen de agua (ct)

Parte A

¿Cuál es el volumen total de agua que hay en las 8 botellas?

(A) 1 cuarto

(B) 2 cuartos

(C) 3 cuartos

(D) 4 cuartos

Parte B

El volumen total del agua que hay en las 8 botellas se redistribuye equitativamente en cada botella. ¿Cuál es ahora el volumen de agua que hay en cada botella?

(A) $\frac{1}{2}$ cuarto

(B) $\frac{3}{8}$ cuarto

(C) $\frac{1}{4}$ cuarto

(D) $\frac{1}{8}$ cuarto

7 ¿Cuál de las siguientes figuras es un triángulo equilátero?

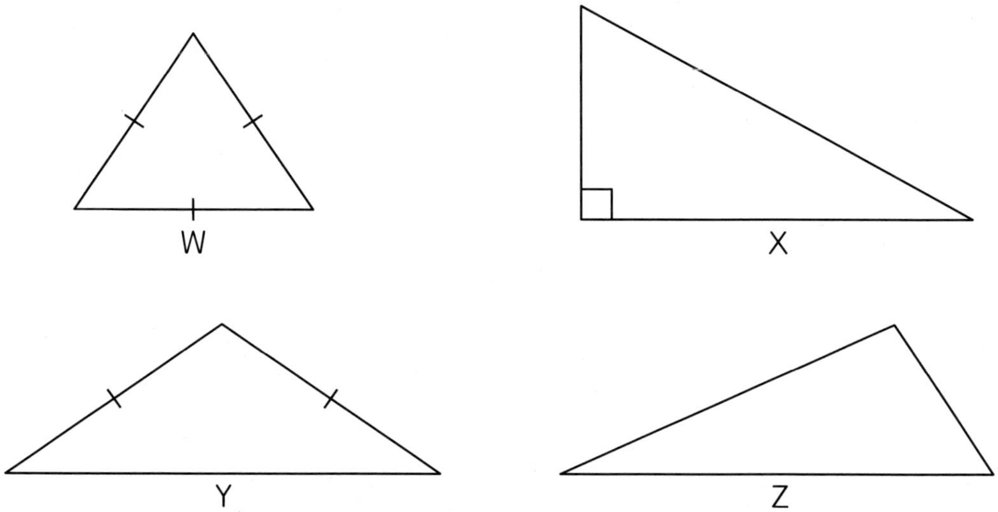

(A) W
(B) X
(C) Y
(D) Z

8 ¿Qué figura es siempre un rectángulo?

(A) paralelogramo
(B) cuadrilátero
(C) rombo
(D) cuadrado

Sección B Preguntas de respuesta corta

9. ¿Cuál es el volumen de un prisma rectangular que mide 12 pulgadas por 6 pulgadas por 3 pulgadas?

Muestra el proceso y escribe tu respuesta en el espacio de abajo.

10. ¿Cuál es el volumen de un cubo con una longitud de arista de 20 pies?

Muestra el proceso y escribe tu respuesta en el espacio de abajo.

11 El área de la base de un recipiente rectangular es 24 pies cuadrados. La altura del recipiente es 3 pies. ¿Cuál es la capacidad del recipiente?

Muestra el proceso y escribe tu respuesta en el espacio de abajo.

12 Un acuario rectangular, de 30 centímetros por 10 centímetros por 25 centímetros, está lleno de agua hasta $\frac{1}{3}$. Ashley dice que necesita 5 litros más de agua para llenar completamente el acuario. ¿Estás de acuerdo con Ashley? Explica tu respuesta.

Escribe tu respuesta y el proceso o la explicación en el espacio de abajo.

13 Esta pregunta tiene dos partes.

En la tabla, se muestra la cantidad de jugo que hay en 10 envases.

Cantidad de jugo (pt)	$\frac{1}{9}$	$\frac{2}{9}$	$\frac{1}{3}$	$\frac{4}{9}$	$\frac{5}{9}$
Número de envases	2	1	4	0	3

Parte A

Usa los datos para hacer un diagrama de acumulación.

Muestra el proceso y escribe tu respuesta en el espacio de abajo.

Parte B

Melanie dice que hay $1\frac{2}{3}$ pinta de jugo en todos los envases porque $\frac{1}{9} + \frac{2}{9} + \frac{1}{3} + \frac{4}{9} + \frac{5}{9} = 1\frac{2}{3}$.

Explica el error de Melanie. ¿Cuál debería ser la respuesta correcta?

14 Esta pregunta tiene dos partes. La fábrica A produce 150 pares de pantalones de mezclilla en 1 día. La fábrica B produce 100 pares en 1 día.

Parte A

Completa el patrón numérico.

Escribe tus respuestas en las tablas de abajo. Explica cómo llegaste a tu respuesta.

Fábrica A						
Número de días	0	1	2	3	4	5
Número total de pares de pantalones de mezclilla producidos	0	150	300	450		

Fábrica B						
Número de días	0	1	2	3	4	5
Número total de pares de pantalones de mezclilla producidos	0	100	200	300		

Parte B

Marca cada punto en un plano de coordenadas y haz gráficas lineales a continuación.

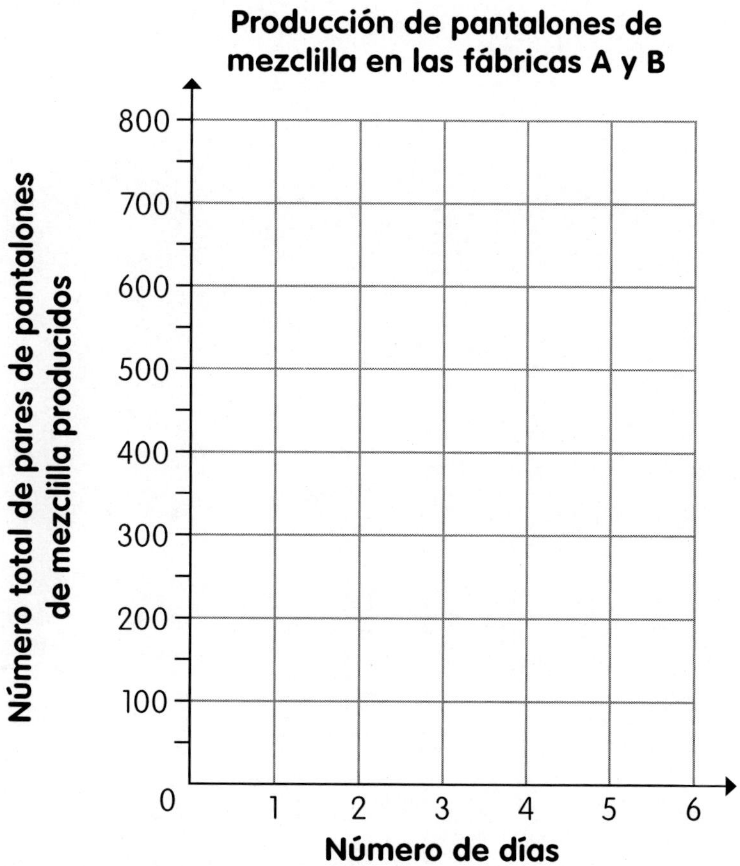

15 El prisma rectangular está compuesto por cubos de 1 pulgada.

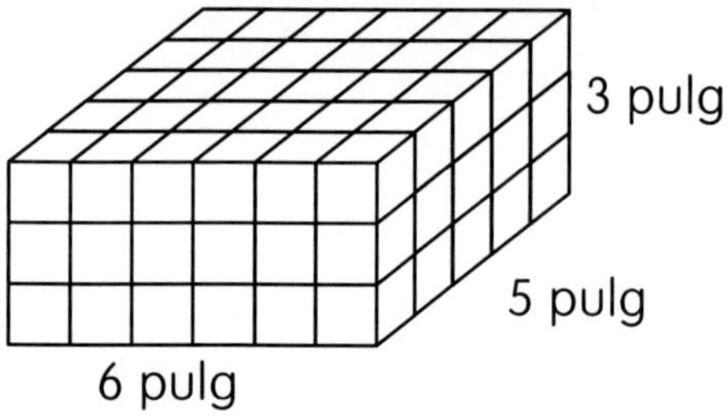

Se debe quitar 1 capa de cubos del prisma rectangular. Aiden dice que se eliminarán 30 cubos en total. Juliet dice que se eliminarán 15 cubos en total.

¿Quién tiene razón, Aiden o Juliet? Explica tu respuesta.

Muestra el proceso y escribe tu respuesta en el espacio de abajo.

16 Mira el conjunto A y el conjunto B.

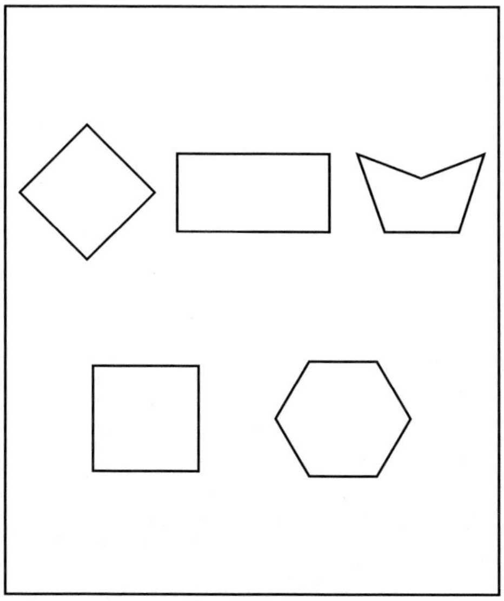

Conjunto A

Conjunto B

Escribe tu respuesta en el espacio en blanco.

El conjunto ______________ se compone de polígonos.

Sección C Respuesta elaborada

17. Dos recipientes rectangulares, A y B, contienen algo de agua. El nivel de agua que hay en ambos recipientes es el mismo. La diferencia entre el volumen de agua que hay en los dos recipientes es de 120 centímetros cúbicos. ¿Cuál es el volumen total de agua que hay en los recipientes A y B? Da tu respuesta en litros.

Escribe tu respuesta y el proceso o la explicación en el espacio de abajo.

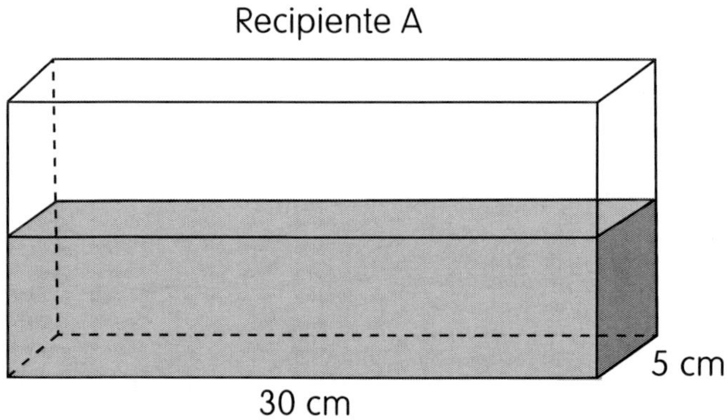

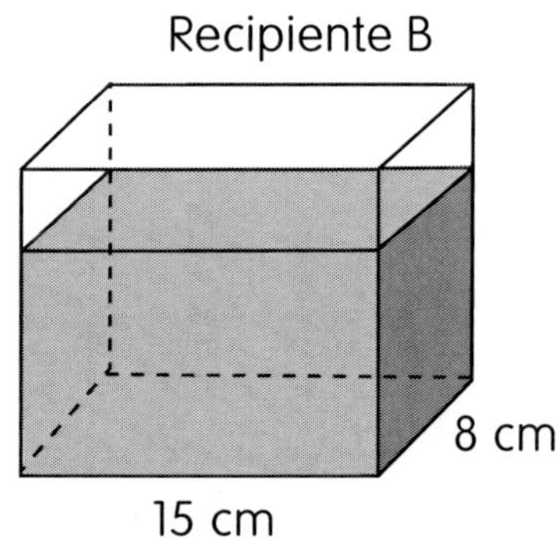

18 El agua sale de la llave de agua X a 4 litros por minuto mientras que el agua sale de la llave de agua Y a 3 litros por minuto. Tyler presenta los datos en la tabla de abajo.

Tiempo (min)	1	2	3	4	5	6
Cantidad de agua de la llave X (L)	4	8	12	16	20	24
Cantidad de agua de la llave Y (L)	3	6	9	12	15	18

Marca cada punto en el plano de coordenadas y haz gráficas lineales a continuación.

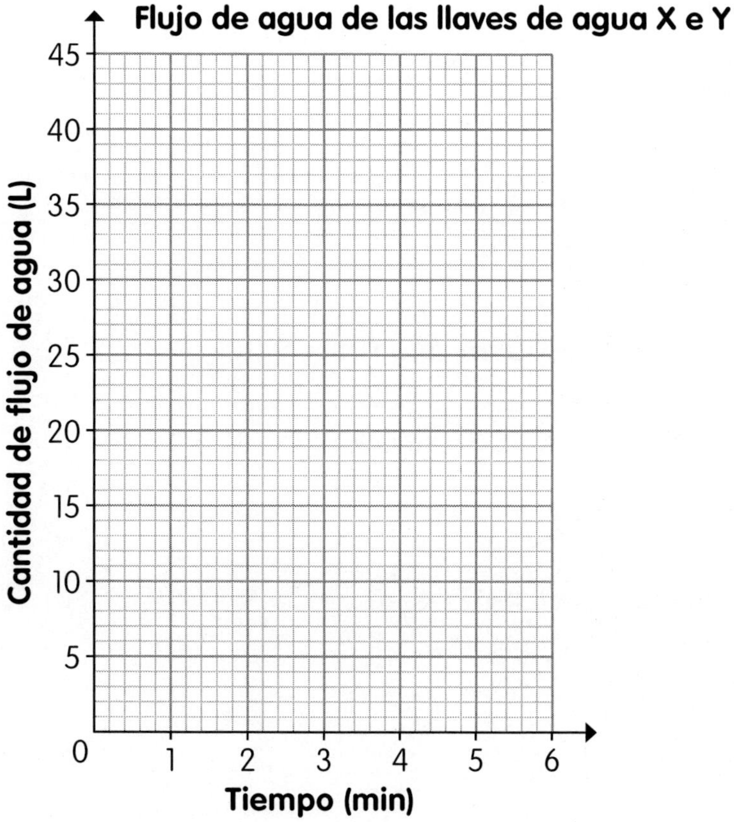

Tyler coloca un tanque debajo de cada llave de agua para recoger el agua que sale. Él dice que el agua recolectada de la llave X es siempre 1 litro más que la de la llave Y en cada punto en el tiempo. Explica su error.

Escribe tu respuesta y el proceso o la explicación en el espacio de abajo.

19 Daniel arregló una estructura de madera como la que se muestra a continuación. La estructura está formada por cubos de 1 centímetro.

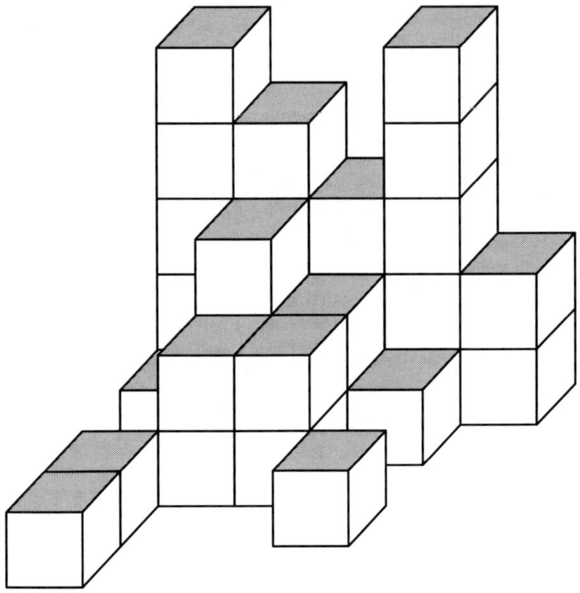

- ¿Cuál es el volumen de la estructura de madera?
- ¿Cuál es el menor número de cubos de una unidad necesarios para formar un cubo? Explica cómo llegaste a tu respuesta.

Escribe tus respuestas y el proceso o la explicación en el espacio de abajo.

Nombre: ______________________________ Fecha: ______________

Guía de evaluación
Razones

Sección A Preguntas de opción múltiple

1. ¿Cuál es la razón entre el número de triángulos y el número de cuadrados?

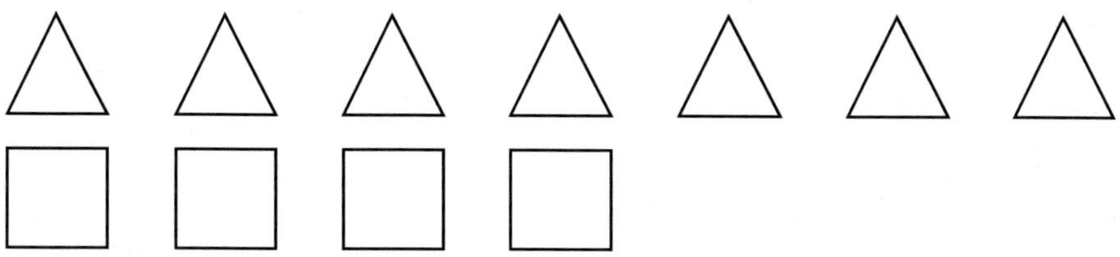

(A) 4 : 7
(B) 7 : 4
(C) 7 : 1
(D) 1 : 7

2. ¿Cuál es el número que falta?

3 : 7 = 12 : ________

(A) 16
(B) 21
(C) 28
(D) 40

3. La longitud de una grapadora es 9 centímetros. La longitud de un lápiz es 13 centímetros. ¿Cuál es la razón entre la longitud del lápiz y la longitud de la grapadora?

(A) 4 : 9
(B) 9 : 13
(C) 9 : 22
(D) 13 : 9

4 ¿Cuál es la razón entre el número de cuadrados, el número de círculos y el número total de figuras?

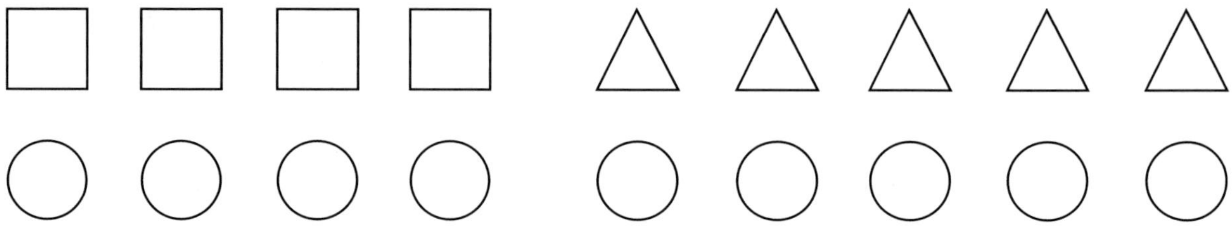

(A) 9 : 5 : 4
(B) 4 : 9 : 5
(C) 4 : 5 : 9
(D) 4 : 9 : 18

5 Una caja contiene 12 pelotas rojas, 9 pelotas verdes y 6 pelotas amarillas. ¿Cuál es la razón entre el número de pelotas verdes, el número de pelotas amarillas y el número de pelotas rojas?
Elige las **dos** respuestas correctas.

(A) 3 : 2 : 4
(B) 4 : 3 : 2
(C) 12 : 9 : 6
(D) 9 : 6 : 12
(E) 6 : 3 : 9

Sección B Preguntas de respuesta corta

6. Escribe 24 : 8 : 12 en su mínima expresión.

   Muestra el proceso y escribe tu respuesta en el espacio de abajo.

7. Andrew cortó un pedazo de cuerda en dos pedazos, A y B. La razón entre la longitud de la cuerda A y la longitud de la cuerda B era 3 : 7. La longitud del pedazo más corto era 6 metros. ¿Cuál era la longitud del pedazo más largo?

   Muestra el proceso y escribe tu respuesta en el espacio de abajo.

8. Gabriel cortó un pedazo de cinta de 12 pulgadas de longitud en dos pedazos. El pedazo más largo medía 7 pulgadas de longitud. Halla la razón entre la longitud del pedazo más corto y la longitud del pedazo más largo.

   Muestra el proceso y escribe tu respuesta en el espacio de abajo.

9. Joshua horneó 20 magdalenas. La razón entre el número de magdalenas de fresa, el número de magdalenas de chocolate y el número de magdalenas de arándano era 5 : 3 : 2. ¿Cuántas magdalenas de arándano horneó?

Muestra el proceso y escribe tu respuesta en el espacio de abajo.

10. La razón entre el número de sellos que tenían Ava, Chloe y Sarah era 5 : 3 : 8. Chloe tenía 36 sellos. ¿Cuántos sellos tenían en total?

Muestra el proceso y escribe tu respuesta en el espacio de abajo.

Sección C Respuesta elaborada

11 En un evento hay 240 estudiantes. La razón entre el número de estudiantes de tercer grado, el número de estudiantes de cuarto grado y el número de estudiantes de quinto grado es 1 : 3 : 4. Anna dice que hay 90 estudiantes de quinto grado en el evento.

- Explica el error de Anna.
- ¿Cuál debería ser la respuesta correcta?
- Explica cómo llegaste a tu respuesta.

Escribe tu respuesta y el proceso o la explicación en el espacio de abajo.

12. En una tienda hay bicicletas y triciclos. La razón entre el número de bicicletas y el de triciclos es 8 : 3. Hay 75 ruedas de bicicleta y triciclo en la tienda.

- ¿Cuántas bicicletas hay en la tienda?
- ¿Cuántos triciclos hay en la tienda?

Escribe tu respuesta y el proceso o la explicación en el espacio de abajo.

Nombre: ______________________________________ Fecha: ____________

Guía de evaluación
Porcentaje

Sección A Preguntas de opción múltiple

1 ¿Cuál es el número que falta?

$\frac{1}{4}$ = __________%

(A) 10
(B) 25
(C) 40
(D) 50

2 ¿Cuánto es 0.02 expresado como un porcentaje?

(A) 0.02%
(B) 0.2%
(C) 2%
(D) 20%

3 ¿Cuánto es 48% expresado como una fracción en su mínima expresión?

(A) $\frac{48}{100}$
(B) $\frac{24}{50}$
(C) $\frac{12}{25}$
(D) $4\frac{8}{10}$

4 En un evento deportivo hay 300 estudiantes y maestros.

Estudiantes de grado K a segundo grado	130
Estudiantes de tercer a quinto grado	143
Maestros	?

¿Cuál es el porcentaje de maestros que hay en el evento deportivo?

(A) 9%

(B) 27%

(C) 54%

(D) 81%

5 En una caja, hay 100 cuentas rojas y azules. 30 cuentas son azules. ¿Qué porcentaje de las cuentas son rojas?

(A) 3%

(B) 30%

(C) 7%

(D) 70%

Sección B Preguntas de respuesta corta

6. Escribe $\frac{140}{200}$ como un porcentaje.

   Muestra el proceso y escribe tu respuesta en el espacio de abajo.

7. Escribe $\frac{5}{8}$ como un porcentaje.

   Muestra el proceso y escribe tu respuesta en el espacio de abajo.

8. Hay 200 manzanas en una caja. El 40% de las manzanas son rojas. ¿Cuántas manzanas rojas hay en la caja?

   Muestra el proceso y escribe tu respuesta en el espacio de abajo.

9 El precio normal de una computadora era $1,200. Durante una oferta, se vendió con un 20% de descuento. ¿Cuánto costó la computadora durante la oferta?

Muestra el proceso y escribe tu respuesta en el espacio de abajo.

10 Un reloj cuesta $120 antes de que se aplique el impuesto sobre las ventas. Al reloj se le aplica un impuesto sobre las ventas del 7%. Michael dibujó un modelo para hallar el costo del reloj con el impuesto.

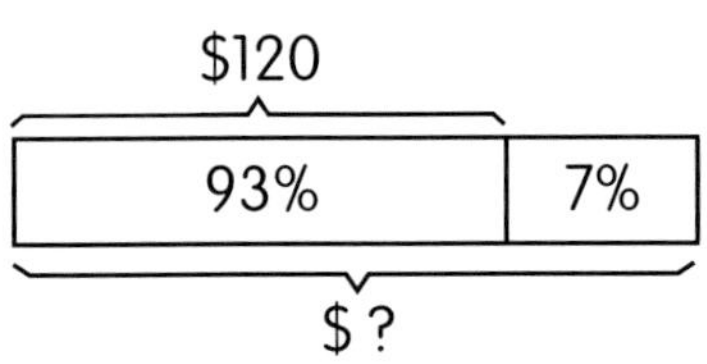

Explica el error en el modelo de Michael. ¿Cómo debería ser el modelo correcto?

Sección C Respuesta elaborada

11 En una clase hay 40 estudiantes. El 15% de los estudiantes obtuvo la calificación máxima en una prueba. ¿Cuántos estudiantes no obtuvieron la calificación máxima en la prueba?

Robert dijo que 25 estudiantes no obtuvieron la calificación máxima.

- Explica el error de Robert.
- ¿Cuál debería ser la respuesta correcta?
- Explica cómo llegaste a tu respuesta.

Escribe tu respuesta y el proceso o la explicación en el espacio de abajo.

12 Había 10 preguntas en un cuestionario. Allison dedicó el 40% del tiempo total permitido a las primeras 8 preguntas. Dedicó a la novena pregunta el doble de tiempo que a la última pregunta. Dedicó 5 minutos a la última pregunta. Allison quería dedicar la misma cantidad de tiempo a cada pregunta. ¿Cuánto tiempo debería haber dedicado a cada pregunta?

Escribe tu respuesta y el proceso o la explicación en el espacio de abajo.

Nombre: ______________________________ Fecha: ____________

Guía de evaluación
Repaso acumulativo 4

Sección A Preguntas de opción múltiple

1 ¿Cuál es la razón entre la longitud de la cinta y la longitud total de la cinta y de la cuerda?

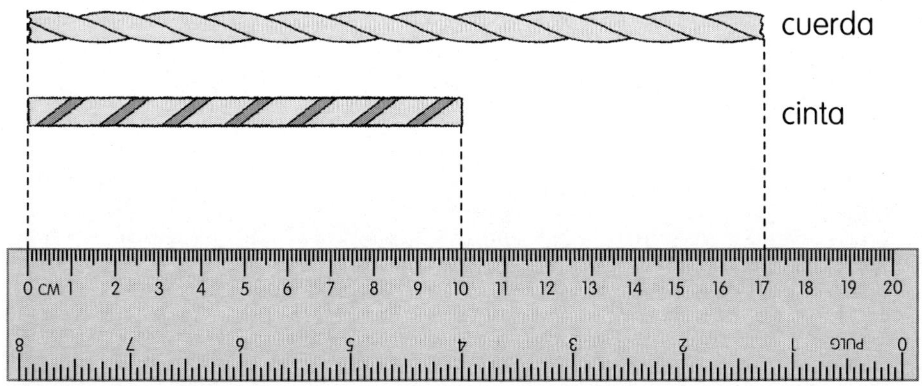

(A) 10 : 17
(B) 10 : 27
(C) 17 : 10
(D) 17 : 27

2 ¿Cuál es la razón entre el número de cuadrados y el número de círculos en su mínima expresión?

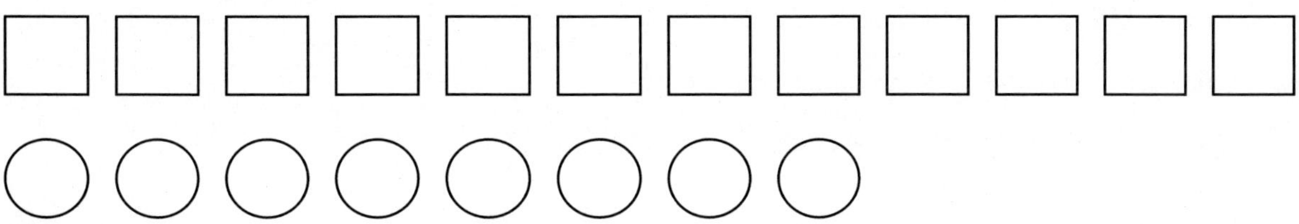

(A) 12 : 8
(B) 8 : 12
(C) 3 : 2
(D) 2 : 3

3 ¿Cuál es el número que falta?

13 : 5 = ______ : 25

(A) 65
(B) 33
(C) 26
(D) 18

4 ¿Cuál es la razón entre el número de peras, el número de naranjas y el número de manzanas?

(A) 7 : 4 : 5
(B) 4 : 5 : 7
(C) 5 : 7 : 4
(D) 5 : 7 : 11

5 ¿Cuáles son los números que faltan?

3 : 8 : 6 = ______ : ______ : ______

Elige las **dos** respuestas correctas.

(A) 21; 26; 24
(B) 12; 32; 30
(C) 9; 24; 18
(D) 5; 12; 10
(E) 6; 16; 12

6 Noah dibujó una figura y sombreó el 60%. ¿Cuál de las siguientes figuras podría ser la que dibujó Noah?

(A) 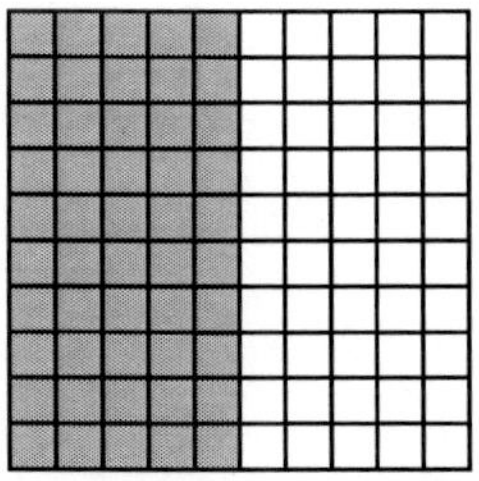

(B) 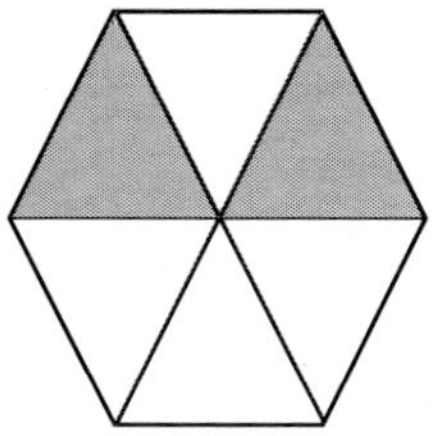

(C) 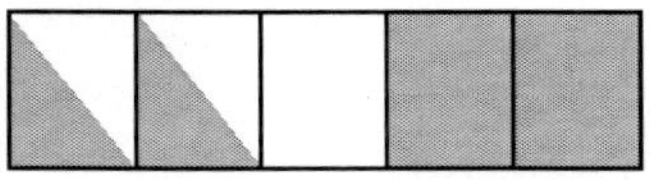

(D) 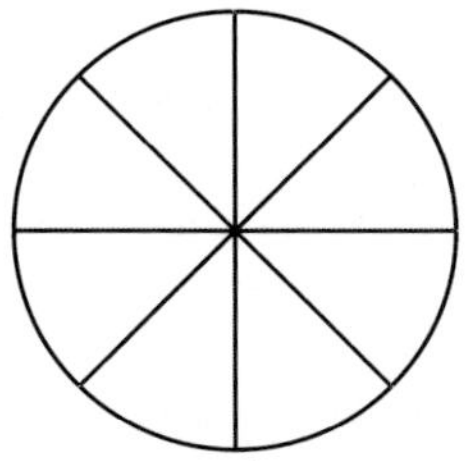

7 ¿Cuál de los siguientes enunciados es verdadero?

(A) $\frac{4}{5}$ es igual que el 40%.

(B) 32% > $\frac{16}{50}$ expresado como un porcentaje.

(C) $\frac{75}{150}$ expresado como un porcentaje es 55%.

(D) 0.13 expresado como un porcentaje es 13%.

8 Hay 800 personas en una feria. El 64% son adultos. ¿Cuántas personas son adultos?

(A) 512

(B) 486

(C) 482

(D) 480

9. Hay 150 peces en un estanque. 61 son peces guppy. El 30% son peces molly. El resto son bagres. ¿Cuáles de los siguientes enunciados son verdaderos? Elige las **tres** respuestas correctas.

- (A) El 40% de los peces son bagres.
- (B) El 0.61% de los peces son peces guppy.
- (C) Hay 44 bagres en el estanque.
- (D) Hay más peces molly que bagres.
- (E) Hay 16 peces guppy más que peces molly.

10. Una bolsa cuesta $42.75 después de que se aplica un descuento del 5%. Daniel quiere hallar el precio de la bolsa sin el descuento. ¿Cuál de los siguientes modelos puede usar?

(A) 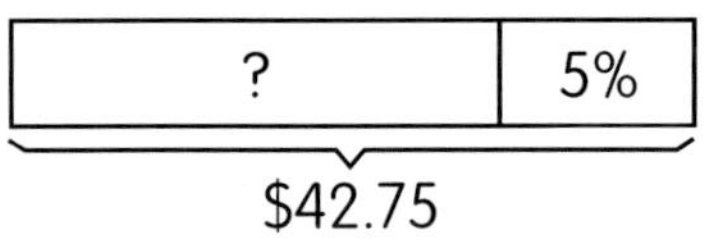

(B) 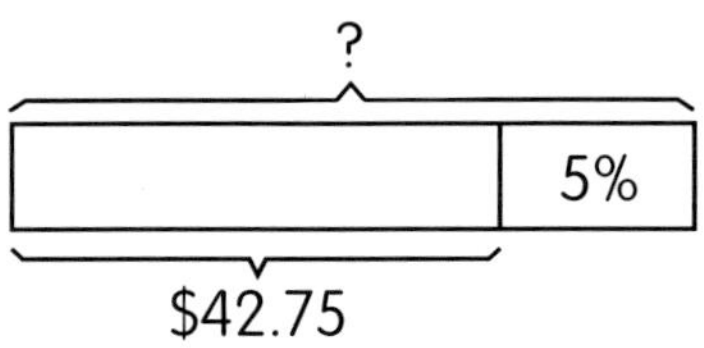

(C) 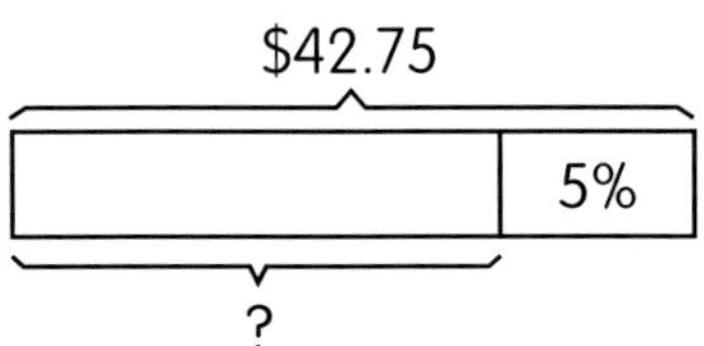

(D) 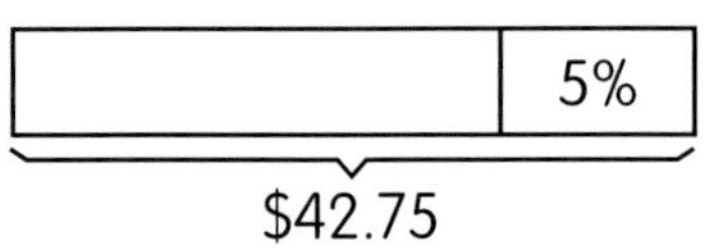

Sección B Preguntas de respuesta corta

11 Se corta un tronco en dos pedazos en una razón de 5 : 3. La longitud del pedazo más largo es 15 metros. ¿Cuál es la longitud del pedazo más corto?

Muestra el proceso y escribe tu respuesta en el espacio de abajo.

12 La razón entre el número de adultos y el número de niños y niñas que hay en un salón es 6 : 4. Hay 96 adultos y 40 niñas. ¿Cuántos niños hay en el salón?

Muestra el proceso y escribe tu respuesta en el espacio de abajo.

13 Brady, Molly y Faith ahorran $96 en total. Brady ahorra $36 y Molly, $24. Escribe la cantidad que ahorra Brady, la cantidad que ahorra Molly y la cantidad que ahorra Faith como una razón en su mínima expresión.

Muestra el proceso y escribe tu respuesta en el espacio de abajo.

14 La razón entre el número de automóviles de juguete que tenían Andre, Rachel y Haley era 3 : 7 : 4. Haley tenía 24 automóviles de juguete. ¿Cuántos automóviles de juguete tenía Rachel?

Muestra el proceso y escribe tu respuesta en el espacio de abajo.

15 Hay 50 manzanas en una caja. El 40% de las manzanas son verdes y el resto son rojas. ¿Cuántas manzanas son rojas?

Muestra el proceso y escribe tu respuesta en el espacio de abajo.

16 El precio habitual de un refrigerador era $650. La tienda A vendía el refrigerador con un 30% de descuento. La tienda B vendía el mismo refrigerador a $150 menos que el precio habitual.
¿Qué tienda tenía una mejor oferta? Explica tu respuesta.

Muestra el proceso y escribe tu respuesta en el espacio de abajo.

17 Un libro cuesta $15 antes de que se aplique el impuesto sobre las ventas. Al libro se le aplica un impuesto sobre las ventas del 5%. ¿Cuál es el costo total del libro con el impuesto sobre las ventas?

Muestra el proceso y escribe tu respuesta en el espacio de abajo.

18 Hay 80 animales en una granja. El 40% de los animales son ovejas y el resto son vacas. ¿Cuántas vacas hay?

Muestra el proceso y escribe tu respuesta en el espacio de abajo.

19 La Sra. Torres tenía $60. Gastó el 40% del dinero en comida, gastó el 30% en compras y ahorró el resto del dinero. Le dijo a una amiga que ahorró más dinero que la cantidad gastada en comida. ¿Es correcta su afirmación? Explica tu respuesta.

Muestra el proceso y escribe tu respuesta en el espacio de abajo.

20 Hay 600 libros en una biblioteca. El 30% de los libros son de ficción y el resto son de no ficción. El bibliotecario dice que hay 240 libros de no ficción más que libros de ficción. ¿Tiene razón? Explica tu respuesta.

Muestra el proceso y escribe tu respuesta en el espacio de abajo.

Sección C Respuesta elaborada

21 La figura de abajo se compone de cuadrados idénticos. ¿Cuántos cuadrados más deberían estar sombreados de modo que la razón entre el número de cuadrados sombreados y el número de cuadrados no sombreados sea 3 : 5?

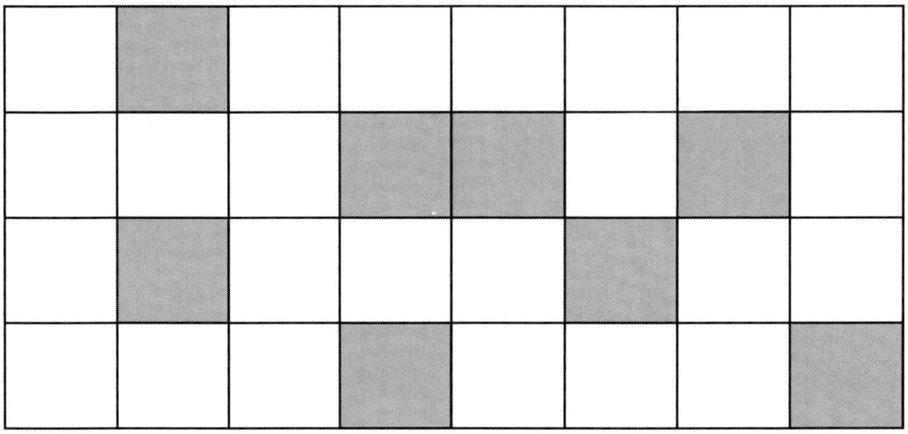

Escribe tu respuesta y el proceso o la explicación en el espacio de abajo.

22 La razón entre el número de camisas vendidas el lunes, el número de camisas vendidas el martes y el número de camisas vendidas el miércoles fue 3 : 5 : 1. El número total de camisas vendidas durante los tres días fue 450.

Olivia dice que se vendieron 50 camisas el lunes.

- Explica el error de Olivia.
- ¿Cuál debería ser la respuesta correcta?

Escribe tu respuesta y el proceso o la explicación en el espacio de abajo.

23 La Sra. Pérez tiene dos alfombras cuadradas, A y B, en su sala de estar. Las alfombras se superponen entre sí como se muestra a continuación. La longitud de la alfombra B era 6 metros. La diferencia entre el área sombreada de la alfombra A y la de la alfombra B era 13 metros cuadrados. Halla la razón entre la longitud de la alfombra A y la longitud de la alfombra B.

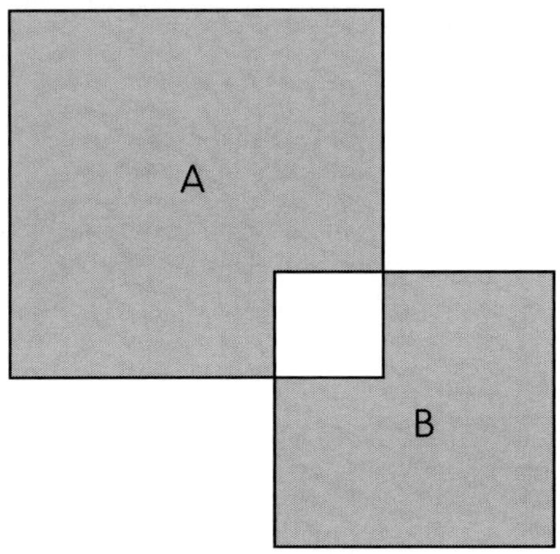

Escribe tu respuesta y el proceso o la explicación en el espacio de abajo.